Hart und herzlich

Für Bastian

Ronny Hollenstein

Hart und herzlich

Sinnvoll kommunizieren

molden verlag

Inhalt

Vorwort

„Wer miteinander arbeiten will, muss miteinander reden können.“ Diese Worte von William Isaacs stelle ich an den Anfang meines Buches, um die Bedeutung der Kommunikation auf den Punkt zu bringen. Die Einstellungen, Modelle und Fertigkeiten, die dabei helfen können, gelten für alle Lebensbereiche. Schließlich sprechen in erster Linie immer zwei Menschen miteinander. So einzigartig jeder von uns ist, so sehr verbinden uns ähnliche Bedürfnisse wie Respekt und Aufmerksamkeit. Ich publiziere in diesem Buch keine neuen Forschungsergebnisse, sondern meine Erfahrungen als Kommunikationstrainer für unterschiedlichste Unternehmen, Organisationen und Personen in den letzten 15 Jahren, die mir immer wieder gezeigt haben, wie wichtig es ist, sich um ein gutes Miteinander zu kümmern. Diese Fähigkeiten, miteinander umzugehen, sind erlernbar. Auch wenn jeder von uns andere Voraussetzungen mitbringt, können wir unser Verhalten gegenüber uns selbst und unseren Mitmenschen gegenüber reflektieren und verbessern.

Wie Paul Watzlawick sagte, können wir nicht nicht kommunizieren, damit sagt er aber nichts über die Qualität der Kommunikation aus: Endlose Sitzungen ohne Ergebnisse oder mit Ergebnissen, an die sich keiner hält,

Diskussionen, in denen es ausschließlich darum geht, Recht zu haben oder gut dazustehen ohne Rücksicht auf übergeordnete Ziele oder die Vernunft, Menschen, die einander nicht zuhören oder bei jeder Kritik sofort streiten, oder andere, die nicht Nein sagen können und ihre eigene Überzeugung bei kleinstem Widerstand aufgeben usw. So, wie wir kommunizieren, gestalten wir auch unser Leben.

Sie als Leser möchte ich hier um Verständnis bitten, wenn bekannte Theorien oft nicht originalgetreu zitiert werden, sondern zumeist sinngemäß und aufgrund persönlicher Erfahrungen verändert zu Wort kommen. Das Ziel dahinter ist für mich immer die einfachere Umsetzbarkeit in die Praxis. Die mir wesentlich erscheinende Literatur, die auch meine Überlegungen geprägt hat, finden Sie im Literaturverzeichnis, und ich empfehle Ihnen, die Themen, mit denen Sie sich profunder auseinandersetzen möchten, dort zu vertiefen.

Bei allen Bezeichnungen, die auf Personen bezogen sind, beziehe ich die gewählte Formulierung auf beide Geschlechter, auch wenn ich aus Gründen der leichteren Lesbarkeit die männliche Form gewählt habe.

Ronny Hollenstein

Alles hat seine Folgen

Strategische Kommunikation

Wenn Sie dieses Buch zur Hand nehmen, so hat das sicherlich einen der folgenden Gründe. Sie möchten:

- sich beruflich wie privat besser durchsetzen;
- Ihren Gedanken und Gefühlen eine Stimme geben;
- Ihre Beziehungen zu anderen Menschen verbessern;
- sachlich und verständlich argumentieren können;
- Gespräche gut steuern lernen;
- Nein sagen und klarstellen können, wenn Ihnen etwas nicht passt.

All dies sind potenzielle Ziele einer Verbesserung des eigenen Kommunikationsverhaltens. Diese Anliegen sind berechtigt und sinnvoll. Wenn Sie ein Ziel haben, dann machen Sie sich üblicherweise einen Plan und setzen diesen dann um. Wenn Sie merken, Sie benötigen noch etwas für dessen Umsetzung, dann beschaffen Sie sich dies in Form von Wissen, Methoden und Training bestimmter Fertigkeiten. Dieses Buch kann Ihnen dabei eine Hilfe sein.

Ich möchte Sie gleich zu Beginn darauf hinweisen, dass es keine Garantie geben kann, für alle Eventualitäten vorzusorgen. Zu komplex ist unser Verhalten und das der Menschen um uns herum, als dass es irgendeine Methode gebe, die eine gewünschte Wirkung verlässlich versprechen kann. Menschen sind keine trivialen Maschinen wie es der Biophysiker Heinz v. Förster sehr gut auf den Punkt gebracht hat: Wenn Sie eine Münze in einen Kaltgetränkeautomat werfen, dann können Sie sich mit großer Wahrscheinlichkeit darauf verlassen, dass Sie das Getränk Ihrer Wahl erhalten. Und zwar immer. Bis zu dem Zeitpunkt an dem man einen Handwerker kommen lassen muss, der sie wieder repariert und zum verlässlichen System von Input (Münze) und Output (Getränk) macht. Menschen sind keine Maschinen. Sie sind geleitet von Gefühlen, Stimmungen, ihrem Charakter, von Rollen, Positionen und natürlich von der Situation, in der sie sich gerade befinden. Ein und dasselbe Verhalten Ihrerseits kann heute die von Ihnen erwarteten Reaktionen bei einer Person zeigen, ein anderes Mal reagiert sie gänzlich anders. Wenn Sie zum Beispiel einen Kollegen am Morgen freundlich grüßen, kann er an einem Tag lächelnd zurück grüßen und am nächsten nur stumm nickend Ihren Gruß erwidern oder gar ignorieren.

Warum Sie dieses Buch genau lesen und an Ihrem Kommunikationsverhalten arbeiten sollten ...

... weil es Ihnen Möglichkeiten aufzeigt, andere beziehungsweise mehr Verhaltensoptionen zu wählen als Ihre üblichen Muster! Weil es Ihnen einiges Verständnis dafür gibt, wie Menschen und vor allem Sie selbst kommunizieren. Und mit diesem Bewusstsein können Sie beginnen, Ihr Verhalten zu variieren und Versuche zu starten, Neues auszuprobieren – je nach Person, mit der Sie kommunizieren, und je nach Situation, in der Sie sich befinden. In meinen Seminaren ist es mir sehr wichtig, den Teilnehmern für ihr bisheriges Verhalten großen Respekt zu zollen. Ich möchte – und kann! – als Trainer niemanden verändern. Bei längeren Einzeltrainings kam es auch schon einmal vor, dass jemand so intensiv an sich arbeitete, dass er seine Natürlichkeit plötzlich hinter Fassaden von Floskeln und Gesten verstecken konnte. Dabei blieb etwas ganz Wichtiges auf der Strecke: seine Authentizität. Denn gerade sie ist das, was Sie von anderen unterscheidet, weil nun einmal nur Sie selbst Sie sind! Es ist ganz besonders wichtig, diese zu erhalten, um Ihre Glaubwürdigkeit zu bewahren. Sonst hat jedes noch so gute Argument und jede noch so ausgefeilte Taktik keinen Sinn: Im Grunde genommen sind Sie nämlich nicht würdig, dass man Ihnen glaubt!

Sollten Sie nun frustriert das Buch zur Seite legen wollen – tun Sie es nicht! Natürlich können wir uns verändern, indem wir Verhaltensmuster bewusst im Umgang mit Menschen einsetzen und Handlungsweisen bewusst durchbrechen. Plötzlich stoßen wir so auf neues Feedback und unsere wahrgenommene Welt verändert sich somit schlagartig. Jemand neigt beispielsweise dazu, sich unentwegt rechtfertigen zu wollen. Wann immer er einen Fehler gemacht hat, ist er in vorauseilendem Gehorsam auch schon dabei, sich selbst an den Pranger zu stellen, und hofft dabei instinktiv, der andere möge sein schlechtes Gewissen wieder reparieren mit Sätzen wie: „So schlimm war es doch nicht! Ich weiß, Sie sind ein guter Mitarbeiter!" Diese Rechtfertigung aus einer Unsicherheit heraus ergibt ganz bestimmte Muster des Umgangs miteinander. Wenn Sie einmal verstanden haben, wie dumm Rechtfertigungen sind, und sie das nächste Mal einfach weglassen, wird Ihr Gesprächspartner sein Verhalten Ihnen gegenüber auch verändern, weil Sie das Spiel nicht mehr (mit)spielen. Er wird vielleicht von sich aus konkreter sagen, welchen Fehler er entdeckt hat, und Sie können diesen, sachlich und ohne die Kritik persönlich zu nehmen, das nächste Mal korrigieren. Ohne dass Sie davor einen Kniefall machen mussten, der Sie zu einem ungleichen Partner des anderen gemacht hat.

Deshalb weise ich Sie darauf hin, mit dem hier präsentierten Wissen und den vorgestellten Methoden behutsam umzugehen. Machen Sie nur kleine Schritte und versuchen Sie nicht, alles von mir hier Präsentierte sofort in die Praxis umzusetzen. Aristoteles sprach vom guten Mittel, also der richtigen Dosis. Übertreibungen können das Gegenteil davon ergeben, was Sie sich wünschen. Die Dosis macht das Gift. Sehen Sie das Buch als ein Menü potenzieller Lernmöglichkeiten und wählen Sie jenes, das Ihnen am besten schmeckt. Eine lange Reise beginnt mit dem ersten Schritt und wird von vielen kleinen gefolgt. Nur so kommen wir ans Ziel.

Was ist das Ziel?

Das Ziel ist, dass Sie in Zukunft strategischer kommunizieren. Unter *strategisch* verstehe ich, dass Sie bewusst, vorausdenkend und mit dem Feedback des Gesprächspartners arbeitend kommunizieren. Sie reden nicht einfach drauf los, sondern bedenken die möglichen Auswirkungen Ihres Tuns. Da Sie Ihren Gesprächspartner nie ganz einschätzen können, beachten Sie auch die konkreten Reaktionen auf Ihre Aussagen (Feedback) und ändern womöglich Ihr Verhalten, wenn sie merken, dass Sie anders nicht ans Ziel kommen. Der Kommunikationswissenschaftler Paul Watzlawick hat von der Sender-Verantwortung gesprochen. Damit meinte er, dass der Redner dafür verantwortlich ist, was und wie das Gesagte beim Gegenüber ankommt, obwohl wir dazu neigen, beispielsweise mit der Aussage „Da hast du mich falsch verstanden!" dem Empfänger die Verantwortung in die Schuhe zu schieben. Aber Fakt ist, dass nur der Sender seine Inhalte anders erklären und verpacken kann. Und zwar so, dass eine wahrhaftige, weil offene und verständliche Kommunikation möglich ist.

Diese wahrhaftige Kommunikation betrachte ich als das Ziel eines jeden Gesprächs: Man versucht, der Wahrheit Rechnung zu tragen, und bewahrt die Würde aller Beteiligten

Wahrheit ist ein großes Wort – wohl eher haben wir es mit Wirklichkeiten zu tun, die von uns konstruiert werden. Unser Denken, unsere Worte und unser Verhalten sollten sich dennoch an dieser Wahrheit orientieren – auch wenn wir sie nie ganz feststellen werden.

Würde ist sehr eng mit dem Selbstwertgefühl verbunden. Letzteres ist ständig auf der Hut vor Bedrohungen. Wird es tatsächlich angegriffen, dann fühlen wir uns unwohl und trachten danach, unsere Würde wiederherzustellen. Wahrscheinlich haben Sie schon einmal von zwei Ebenen der Kommunikation gehört: Die Sach- und die Beziehungsebene. Auf der Sachebene hören wir Worte, die wir dann entsprechend unseres Verständnisses interpretieren. Fühlt sich jemand in seiner Würde angegriffen, wird er die Worte anders interpretieren, als wenn er sich mit seinem Gesprächspartner wohl fühlt. Wir werten jede inhaltliche Aussage und somit stellt sich auch immer ein Gefühl ein. Diese Gefühle, die aus der Qualität der Beziehung resultieren, sollten uns den sachlichen Blick und das Bemühen um Wahrhaftigkeit nicht zerstören.

Sie beobachten tagtäglich, dass die Qualität der Beziehung die Wirkung der Kommunikation bestimmt. Haben Sie mit jemandem ein persönliches Problem, wird es schwer bis unmöglich sein, mit dieser Person offen und sachlich zu kommunizieren. Und selbst wenn beide vermeintlich sachlich miteinander reden, gibt es noch immer eine ganze Armada an möglichen Missverständnissen.

Beginnen wir zunächst mit der alles bestimmenden Beziehungsebene. Die Unternehmensberaterin Vera F.

Birkenbihl beschreibt die Auswirkung einer Störung auf dieser Ebene mit einem Nebel, der aufsteigt und die klare Sicht auf der Sachebene trübt. Ab wann können wir von einer Störung sprechen und wie verhindern wir sie? John McKean spricht in seinem Werk „The Human Touch – Customers are People“ von drei Grundbedürfnissen, die wir an die Beziehung zu einem Menschen haben, mit dem wir kommunizieren:

- Aufmerksamkeit
- Respekt
- Vertrauen

Ich möchte diese drei Bedürfnisse ergänzen beziehungsweise als Umschreibung dafür die Wahrung des Selbstwertgefühls durch den anderen hinzusetzen. Wenn wir es schaffen, so mit jemandem zu sprechen, dass sein Selbstwertgefühl nicht bedroht wird, dann haben wir eine gute Chance, offen miteinander zu sprechen.

Aufmerksamkeit

Aufmerksamkeit schenken ist eine große Herausforderung, weil sie Konzentration erfordert. Dem anderen nicht nur zuzuhören, sondern ihn wirklich verstehen zu wollen ist dabei das Wichtigste. Ein aufmerksamer Zuhörer wird auch nicht nur das Gesagte hören, sondern auch auf die Zwischentöne achten. Er wird dadurch

noch mehr Informationen erhalten als den reinen Inhalt. Der Psychologe und Kommunikationsforscher Friedemann Schulz von Thun erklärt in seinem Modell der vier Seiten einer Nachricht anhand eines Beispiels Folgendes: Eine Frau sitzt am Steuer eines Autos, ihr Mann sitzt auf dem Beifahrersitz. Als sie auf eine Kreuzung zufährt, schaltet die Ampel auf Rot, und sie hält an. Als sie grünes Licht bekommt, sagt der Mann: „Die Ampel ist grün." Die vier Seiten sind nun: der Sachaspekt, also die reine sachliche Information, dass diese Ampel Grün zeigt. In diesem Beispiel wird aber sofort klar, dass es wohl selten um die reine Sache geht. Die gesprochenen Worte und natürlich deren Betonung definieren auch immer die Beziehung, wie die Gesprächspartner zueinander stehen. Der Beziehungsaspekt wird hier in diesem Fall wohl sehr klar, wenn wir die Reaktion hören. „Fährst du oder fahr ich?", sagt etwas anderes über die beiden aus als wenn die Frau einfach „Danke!" sagt.
Wenn wir nun die beiden bei ihrem Gespräch beobachten, lernen wir ihre Beziehung kennen: Wer sagt wem, was zu tun ist? Wie höflich gehen die beiden miteinander um? Wie wohl fühlen sie sich miteinander? Worin sind sie jeweils angreifbar?
Ein weiterer Aspekt ist der Appell. Der Mann möchte zwar, dass die Frau losfährt, sagt es aber nicht. Sachlich gesehen macht er nur eine Feststellung. Würde die Frau den Appell nicht hören, dann bedankte sie sich vielleicht,

könnte aber ebenso stehen bleiben. Hier wird deutlich, dass wir leider dazu neigen, nicht klar zu sagen, was wir möchten. Bei Führungskräften kann ein solches Verhalten zu gewaltiger Irritation führen. Wird der indirekte Appell nicht verstanden, sollten wir spätestens dann deutlicher werden, wenn der andere nicht so reagiert, wie wir es gern hätten.

Die dritte Seite zeigt das, was der Redner über sich selbst aussagt. Was Menschen sagen, welchen Themen sie sich zuwenden, wie sie formulieren und in welcher Art gesprochen wird, sagt viel über sie aus: Der Mann in diesem Beispiel ist offensichtlich wach, kennt die Farben und die Straßenverkehrsordnung, gibt gern Hinweise, und könnten wir ihn hören, wüssten wir etwas über seine Stimmung und vielleicht sogar aufgrund der Sprache über seine Herkunft. All dies höre ich nur, wenn ich aufmerksam bin. Wir müssen diese Aufmerksamkeit unserem Gesprächspartner auch signalisieren. Würden wir nur wie ein Stein da sitzen, wäre der andere irgendwann irritiert. Die meisten Menschen reden lieber als zuzuhören. Von jemandem Aufmerksamkeit zu erhalten ist ein wunderbares Geschenk, das die Beziehung sehr festigen kann. Durch unser Feedback zeigen wir dem anderen, dass wir ihn verstehen möchten und uns seine Anliegen wichtig sind. Dazu muss man hin und wieder nicken, kurze Verständnisfragen stellen oder einfach nur interessiert den Blickkontakt halten.

Ein Beispiel aus der Gastronomie, wo sehr schnell klar wird, wie sinnvoll es ist, zu bestätigen, dass man zugehört hat: Ein Gast möchte die Rechnung und ruft „Zahlen, bitte!", als der Kellner gerade am Nebentisch kassiert. Der Kellner reagiert nicht, und so muss der Gast einen Moment abwarten, in dem er den Kellner irgendwie erreicht – mit Blickkontakt, Gesten und Stimme. Dieser ist aber sehr beschäftigt mit Kassieren und stürmt dann sofort am Tisch des Gastes vorbei, ohne ihn anzusehen. Der Gast verstärkt somit seinen Wunsch, indem er nun sehr laut ruft. Wenn nun der Kellner im selben Tonfall seine Irritation kund tut („Ich habe Sie schon gehört, ich bin ja nicht taub!"), wird diese Art der Kommunikation sicherlich nicht förderlich fürs Geschäft sein. Mit einem einzigen Nicken mit Blick zum Gast hätte der Kellner professionell reagiert. Die kurze aufmerksame Bestätigung, dass der Kellner den Gast gehört hat, hätte ihn nicht einmal eine Sekunde gekostet. Der Gast hätte sich das Bemühen um einen Blickkontakt ersparen können, und der kurze Dialog wäre sicherlich besser verlaufen.

Respekt

Wenn ich in meinen Seminaren nach einer Definition von Respekt frage, dann höre ich oft: „Alle so behandeln, wie man selbst behandelt werden möchte!" Das ist falsch! Wenn Sie sich dermaßen zum Mittelpunkt machen und glauben, alle haben die gleichen Bedürfnisse wie Sie, dann ist das respektlos. Respektvoller Umgang bedeutet vielmehr, den anderen so wahrzunehmen, wie er wirklich ist, und die Unterschiede zu akzeptieren. Das ist nicht leicht. Wir haben alle unsere Erwartungen an andere und sind dann enttäuscht, wenn sie sich anders verhalten. Da sie aber nun mal anders sind, müssen wir lernen, die Unterschiede zu akzeptieren. Das zeigt sich häufig bei unterschiedlichen Vorstellungen von Höflichkeit. „Man kann doch nicht!“, „Es gehört sich einfach, dass man …“ usw. sind fixe Erwartungen an das Verhalten anderer, die – werden sie nicht erfüllt – dann als allgemein unhöflich verworfen werden.

Aber im Wort Höflichkeit steckt „Hof“. Auf unterschiedlichen Höfen gelten verschiedene Regeln. So wurde ich beispielsweise in Vorarlberg dazu erzogen, dem anderen „Gesundheit“ zu wünschen, wenn er niest. Das wurde mir als höflich geltend anerzogen. In manchen Kreisen gilt aber genau das Gegenteil als höflich: körperliche Unzulänglichkeiten werden da einfach ignoriert. Ohne das Wissen, dass es unterschiedliche Etiketten gibt, würde ich in einer ganz falschen Vorstellung von der Realität leben und jene Personen, die das Niesen ignorieren, als unhöflich empfinden. Beim respektvollen Umgang miteinander ist auch wichtig, dass wir die Person von ihrem Verhalten trennen.

Die ehemalige Präsidentin der Richtervereinigung, Barbara Helige, wurde einmal gefragt, wie sie es denn schaffe, mit den Angeklagten vor Gericht höflich und respektvoll umzugehen. Sie meinte sinngemäß, dass sie ja nicht den Menschen zu verurteilen hat, sondern nur sein Verhalten. Und Letzteres sei nur ein kleiner Auszug aus seiner gesamten Persönlichkeit. Damit bringt sie die Sache auf den Punkt: Wir müssen das Verhalten sehen und können es auch kritisieren oder bekämpfen, aber nicht den Menschen dahinter.

Ein Beispiel: Eines sonntags Morgen entschied ich, mit meinem Hund Leopold in Wien das U-Bahn-Fahren zu üben. Mein Hundetrainer meinte, ich solle ihn einfach langsam, selbstsicher und konsequent in Richtung U-Bahn führen und nicht sofort auf etwaige Widerstände seinerseits reagieren, sondern ihm durch meine Ruhe zeigen, dass nichts Bedrohliches auf ihn wartet. Das tat ich auch. Das Bild, das sich hier für Außenstehende ergab, war aber natürlich etwas befremdlich: Ein Mann, der einen kleinen Hund ohne Beschwichtigungsgesten an der Leine ins U-Bahn-Gebäude zieht, wirkt nicht gerade sehr tierlieb. Innerlich war mir natürlich auch nicht wohl. Ein Hundebesitzer liebt ja sein Tier und möchte ihm ganz bestimmt nichts Böses antun. Also hatte ich ein schlechtes Gewissen und entschied, die Aktion bald zu beenden, und etwas später einen zweiten Anlauf zu nehmen, wenn sich Leopold nicht bald beruhigt. Eine

Dame schien dieses Szenario beobachtet zu haben und stürzte sich wutschnaubend auf mich mit den Worten: „Sehen Sie nicht, dass der Hund Angst hat! Was sind Sie nur für ein Mensch, einen Hund dazu zu zwingen! Und im Übrigen sollte der sicher Wasser lassen!" Ich bedeutete ihr leise, dass ich das bewusst mache, weil der Hund das U-Bahn-Fahren lernen muss und mein Trainer mir das so gezeigt hat. Sie ließ nicht ab von ihren Schimpftiraden und ich fühlte eine unglaubliche Wut ob der Tatsache missverstanden worden zu sein.

Was ist passiert? Die Dame sah ein erstes Bild von mir und konstruierte sich eine Vorstellung, die ihrem Bild entsprach. Wir alle bewerten sofort, was wir sehen, aber wir müssen dennoch aufpassen, wozu uns diese Bewertungen führen. Ist die Erst-Bewertung negativ, dann generalisieren wir ein negatives Bild, das dann die Situation oder die Person gesamthaft verurteilt. In diesem Beispiel zeigt sich die Absurdität sehr deutlich: Die Dame war offensichtlich eine Hundefreundin – das bin ich auch. Die Dame verfügte über genug Zivilcourage einem potenziellen Opfer zur Seite zu stehen – ein Verhalten, das ich sehr schätze. Wir hätten also ein gutes Gespräch über ihre Erfahrungen führen können, wie man Hunden am besten das U-Bahn-Fahren beibringt – hätte sie kurz inne gehalten und sich zuerst erkundigt, warum ich mich so und nicht anders verhalte, statt mich einfach mit ihrem Urteil zu konfrontieren.

Neben dem vorsichtigen Umgang mit Höflichkeit, dem Bewusstsein, dass wir immer nur das Verhalten, aber nicht die ganze Person vor uns haben, und der Akzeptanz von Unterschieden ist noch ein weiterer Punkt wichtig, wollen wir respektvoll miteinander umgehen: Wir müssen das akzeptieren lernen, was eine andere Person nicht ändern kann. Auch wenn wir es nicht verstehen. Was heißt das? Wenn Sie einen armen Menschen anders bewerten als einen reichen, einen Moslem anders als einen Christen, einen Österreicher anders als einen Nicht-Österreicher usw., dann bewerten Sie Personen, ohne sie zu kennen und ohne ihnen die Chance zu geben, Sie kennen zu lernen. Das ist respektlos und falsch.

Ein weiteres Beispiel dazu: Ich stand vor einiger Zeit in der Warteschlange eines Elektro-Fachhändlers, um mein Handy reparieren zu lassen, und konnte das Kundengespräch vor mir mit anhören. Der Kunde war offensichtlich jemand aus dem arabischen Raum, der zwar perfektes Englisch aber sehr schlechtes Deutsch sprach. Der Berater wiederum konnte kein Englisch und sprach mit dem Kunden, als wäre der ein kleines Kind, das dumme Fragen stellt. Als ich ihn auf diese Respektlosigkeit hinwies und anmerkte, dass es wohl eher seine Aufgabe wäre, ein wenig Englisch zu können als jemanden schlecht zu behandeln, weil er nicht Deutsch spricht, wurde er wütend. Ich blieb ruhig und erklärte dem arabischen Kunden auf Englisch, was der Berater von ihm brauchte. Es stellte sich heraus, dass der Herr ein Arzt aus Jordanien war, der hier an einem medizinischen Kongress teilnahm. Ich wollte damit nur illustrieren, wie schnell wir oftmals über andere urteilen. Insbesondere im Kundenkontakt kann ein solches Verhalten katastrophal sein.

Vertrauen

Ein weiterer wesentlicher Eckpfeiler einer funktionierenden Beziehung zwischen zwei Menschen ist das Vertrauen. Ohne Vertrauen geht gar nichts! Was bedeutet aber Vertrauen? Ein wesentlicher Faktor des Vertrauens ist, dass Sie von jedem Gesprächspartner eine gute Absicht und gute Gründe für sein Verhalten voraussetzen. Das mag auf den ersten Blick naiv klingen, aber die Alternative wäre, dass Sie das Gegenteil tun oder versuchen nur sachlich-objektiv zu sein. Letzteres ist aufgrund unserer Emotionalität und Befangenheit in unseren eigenen Erfahrungen schwer bis gar nicht möglich. Sie werden meistens subjektiv sein und können sich bestenfalls um Objektivität bemühen. Unterstellen Sie jemandem eine schlechte Absicht, dann strafen Sie Ihr Gegenüber mit Misstrauen, und der andere kann sich dagegen nicht wehren. Egal, was er tut und wie engagiert er Ihnen versichern mag, dass er in guter Absicht handelt, Sie werden nie Gewissheit haben können. Vertrauen ist immer ungewiss. Sicher feststellbar ist nur der Vertrauensbruch.

Ein Beispiel: Wenn Sie Ihrem Partner nicht vertrauen, dann kann er ihnen noch so oft versichern, Sie nicht zu betrügen, Sie werden es ihm nicht glauben. Schließlich können Sie ihn ja nicht rund um die Uhr bewachen. Sie müssen mit der Investition von Vertrauen akzeptieren, dass es auch missbraucht werden kann. Naiv wäre diese Haltung erst dann, wenn Sie aus Vertrauensbrüchen keine Konsequenzen zögen. Haben Sie Gewissheit erlangt, dass eine Person nicht vertrauenswürdig ist, dann ziehen Sie klare Konsequenzen. Aber nicht davor!

Im Wort Vertrauen steckt auch die Vertrautheit, also die Sicherheit vorhersagen zu können, wie eine Person reagieren wird. Sind wir ständigen Launen und variierenden Werthaltungen ausgesetzt, dann zerstört diese Willkür die Vertrauensbasis. Insbesondere Führungskräfte müssen darauf achten, einen Führungsstil zu entwickeln, der zwar situativ geändert werden kann, aber nicht zugrundeliegende Werthaltungen in Frage stellt. Wenn Perfektion am Montag wichtig ist, dann sollte sie auch am Dienstag noch wichtig sein. Einmal so und dann wieder anders irritiert alle Mitmenschen.

Ein weiterer Faktor, der das Vertrauen zwischen Menschen beeinflusst, ist die Verlässlichkeit. Wer nicht hält, was er verspricht, begeht einen Vertrauensbruch. Das ist zwar nichts Neues, aber ich meine das sehr konsequent. Ich kenne viele Menschen, die beispielsweise mit der Zeit anderer sehr schlampig umgehen: Jemand will nur „ganz kurz“ etwas klären, kommt „in fünf Minuten“ vorbei und erscheint dann nicht nur zu spät, sondern hört nicht mehr auf zu reden. Das ist nicht nur unverlässlich, sondern auch noch respektlos. Besonders im Verkauf werden hier oft Fehler gemacht. Ein Verkäufer, der unter Vortäuschung falscher Tatsachen zu einem Termin kommt, der sich dann auch noch als Zeitverschwendung für den Kunden herausstellt, ist fatal.

Ein Beispiel: Während ich geschäftlich telefoniere, läutet es an der Haustür. Ich frage, wer da ist, und bekomme eine recht lange, unverständliche Antwort, in der mir das Wörtchen „Lieferung“ reicht, um die Tür zu öffnen. Ich habe mit der Post oder einem Boten gerechnet. An der Tür stellt sich das Ganze als Missverständnis heraus, denn die Dame wollte mit einer Mitarbeiterin sprechen, die für die Beschaffung von Büromaterial zuständig ist. Die Dame drückte sich recht umständlich aus, weshalb ihre Frage mein Telefonat ungebührend lang unterbrach. Ich frage mich nun, wie ein Unternehmen eine solche Marketing-Strategie anwenden kann: Ohne Anmeldung einfach in einen Arbeitstag zu platzen, sich Zutritt mit einer falschen Aussage zu verschaffen und dann nicht zu bemerken, dass der Angesprochene gerade ein Telefonat führt, das man eigentlich nicht hätte unterbrechen dürfen.

Die meisten *Vertrauensbrüche* geschehen ungewollt. Sie stellen aber meist die Rechtschaffenheit des Kunden in Frage. Ein Beispiel: Für ein Medientraining, das mehrere Tage dauerte, wollte ich einige Zeitschriften in einer Trafik kaufen. Dummerweise hatte ich nur einen 200-Euro-Schein bei mir. Der Trafikant lehnte die Annahme des Scheins ab und konnte mir auch keinen Geldautomaten als Alternative anbieten. Die Gründe hierfür mögen nachvollziehbar sein: Mangel an Kleingeld, Sicherheitsbedenken, usw. Dennoch wirkte bei mir die Ablehnung des Scheins vor allem auf meine Vertrauenswürdigkeit. Bei mir kam an, dass ich ein potenzieller Geldfälscher sei. Ich wurde also wie ein Verbrecher behandelt! Das tatsächlich im Umlauf befindliche Falschgeld ist verglichen mit dem Gesamtumsatz im Handel verschwindend gering. Auch wenn bei einem Geschäft beide Seiten nach Absicherung verlangen, sollte man nicht alle Kunden behandeln wie jenen verschwindenden Anteil von Verbrechern, gegen die man sich im Endeffekt auch nicht hundertprozentig schützen kann.

Krisen sind Chancen. Vor allem für die Vertrauensbildung. Wenn Sie für Ihre Kunden und Kollegen ein krisenfester Partner sind, dann ernten Sie Vertrauen. Im Alltag ärgern uns Beschwerden, Sonderwünsche und andere Herausforderungen. In Wahrheit sind aber genau diese Situationen die Möglichkeit, Engagement, Lösungsorientierung und Vertrauenswürdigkeit zu zeigen. Hält im privaten Bereich ein langjähriger Freund nicht zu Ihnen, werden Sie die Beziehung überdenken. Hingegen kann eine neue Bekanntschaft, die Sie durch eine schwere Zeit begleitet, sehr schnell zu einem guten Freund werden.

Ein Beispiel: Als ich an die Rezeption eines Hotels kam, um mich nach dem Ort meines Seminarraums zu erkundigen, wurde mir mitgeteilt, dass aufgrund gerade laufender Renovierungsarbeiten ein Raum leider als Schuttlagerplatz genutzt wird. Leider ist genau das der Raum, der für mich vorgesehen war, und ich möge den Fehler bitte entschuldigen. Fehler passieren, und natürlich habe ich ihn verziehen, aber ich brauchte dennoch eine Lösung. Die sehr professionelle Dame bat mich um 30 Minuten zur Behebung des Problems, lud mich zu einem Frühstück ein und bat vielmals um Entschuldigung. Während ich meinen Kaffee trank, konnte ich beobachten, wie die Dame das Problem managte. Sie trommelte einen Trupp von Reinigungspersonen zusammen, während der Haustechniker vor der Tür schon die technischen Grundlagen für meinen Vortrag herrichtete. Innerhalb der versprochenen halben Stunde war der Seminarraum sauber und bereit. Darüber hinaus lud die Dame sogar noch meine Teilnehmer und mich zu einem Glas Sekt ein. Auch wenn hier in diesem Hotel ein Fehler passierte, ist mein Eindruck über dieses Haus gerade wegen des Fehlers und dem Umgang mit ihm noch besser geworden, als wäre alles glatt gelaufen. Sollte ich

im Zuge eines Seminars irgendein Problem haben, hoffe ich, dass ich in diesem Hotel bin, weil ich nun weiß, wie die Mitarbeiter dort damit umgehen.
Ein letzter wesentlicher Faktor für die Bildung von Vertrauen ist die Bewahrung des *Dialogs*. Wird eine Beziehung beim Auftauchen eines Problems sofort abgebrochen, also die Diskussion verweigert, dann zerstört das Vertrauen. Alltägliche Beispiele hierfür sind: ein Mitarbeiter verbindet einen Kunden mit einem schwierigen Anliegen an einen Kollegen weiter, ohne sich zu vergewissern, dass der Kunde dort auch wirklich gut aufgehoben ist. Oder jemand verlässt bei einem Konflikt einfach den Raum und bricht die Diskussion ohne Begründung ab. Diese Brüche lassen den anderen im Regen stehen und zeigen ihm ganz deutlich, dass der Gesprächspartner kein Interesse hat oder nicht fähig dazu ist, nachhaltig an der Beziehung zu arbeiten.

Die strategische Ebene

Stellen Sie sich vor, Sie gehen einen Weg entlang. Sie können dabei den Kopf Richtung Boden senken und jedes erdenkliche Hindernis erkennen, um nicht hineinzutappen. Sie werden Steinchen sehen, die Sie stürzen lassen könnten, oder Tiere, die Sie nicht zertreten möchten. In so manchem Gelände ist dieser Blickwinkel sicherlich ratsam, weil die Hindernisse auf dem Weg vielleicht sehr gefährlich sind. Man denke an Schlaglöcher! Der auf Probleme fokussierte Blick birgt aber auch Gefahren: Sie könnten nämlich sehr einfach vom Weg abkommen. Das Ziel, auf das Sie eigentlich zugehen möchten, könnte in der Fülle der möglichen Hindernisse völlig aus dem Blickwinkel geraten. Vielleicht werden Sie auch länger brauchen, weil Sie gar so vielen Hindernissen Ihre Aufmerksamkeit widmen. Dieser Blickwinkel ist der „operative Blick".

Wenn Sie den Kopf heben und das Ziel stets vor Augen haben und vielleicht auch Ihren eingeschlagenen Weg mit den Wegen daneben vergleichen können, dann sprechen wir vom „strategischen Blick". Dieser lässt uns vielleicht einmal über einen Stein stolpern, aber er verliert nie das Ziel aus den Augen. Ihr Bewusstsein vermag aber noch mehr: Sie können sich auch beim Gehen aus der Vogelperspektive beobachten. Ihre Vorstellung geht so weit, dass Sie völlig aus sich heraustreten und sich quasi selbst auf der Landkarte beobachten, wie Sie Ihren Weg beschreiten. Das ist dann der sogenannte „Meta-Blick". *Meta* bedeutet „darüber" – also Sie schauen sich zu und stehen über Ihrem Handeln.

In Gesprächen ist es wichtig, dass Sie alle Blickwinkel stets im Auge haben und bemerken, wenn Sie zu vielen Hindernissen Ihre Aufmerksamkeit schenken, anstatt einfach am Fortschritt Richtung Ziel zu arbeiten.

Der Meta-Blick und der strategische Blickwinkel bilden die strategische Ebene. Um diese zu verbessern, lesen wir Bücher, besuchen Seminare und lernen aus der Beobachtung anderer. Wenn Sie sich Situationen im Nachhinein durchdenken, werden Sie wohl vieles sehen, das Sie das nächste Mal besser machen können. So lernen wir. Wir ziehen aus vergangenen Handlungen Schlüsse, um dieselben Fehler nicht zwei Mal zu machen.
In meinen Seminaren höre ich oft sinngemäß folgende Aussagen: „Jedes Mal, wenn mich jemand persönlich angreift, fällt mir nichts ein. Dann verlasse ich den Ort des Geschehens und ärgere mich darüber, warum ich nicht besser reagiert habe." Jeder von uns kennt diese Situation. Hören Sie auf, sich darüber zu ärgern. Lernen Sie aus der Situation fürs nächste Mal. Nicht mehr aber auf gar keinen Fall weniger. Es gibt Situationen, da können wir nicht denken (siehe Seite 40 „Emotionen in der Kommunikation") und schon gar keine schnelle, treffsichere Antwort finden, die meist auch noch schlagfertig sein soll. Sie können nur lernen. Immer wieder. Aber lernen Sie ohne Ärger. Ziehen Sie klare Schlüsse für das nächste Mal und legen Sie sich mit der Zeit sogar bestimmte Aussagen zurecht, die Sie im Falle des Falles platzieren können. In diesen schwierigen Situationen verlieren wir nämlich unsere Konzentration. Wenn Sie in Zukunft in Gesprächen auch immer die strategische Ebene im Blick haben, werden Ihnen bessere Reaktio-

nen in schwierigen Situationen leichter fallen: ein Teil Ihres Bewusstsein ist ja in der Beobachterrolle und kann somit unverletzt einschreiten.
In der alltäglichen Praxis rate ich folgende Kriterien für die Beurteilung eines Gesprächs auf der strategischen Ebene nicht aus den Augen zu verlieren:

- den inhaltlichen Fortschritt
- den eingeschlagenen Weg
- die gewählten Verhaltensstrategien

Den *inhaltlichen Fortschritt* überprüfen Sie am besten mit folgender Frage:
Worüber reden wir gerade, und ist es tatsächlich das Thema, das zu besprechen ist?
Ein Thema ist meistens eingebettet in eine Art Themen-Familie. Verhandeln wir mit unserem Chef beispielsweise um unseren Lohn, dann werden in diesem Gespräch viele weitere Themen auf der Bildfläche erscheinen: Leistungsbeurteilung, Arbeitsbedingungen, Arbeitszeiten, Umgangsformen, Anerkennung, Klima etc. Durch diese Vielzahl an Themen wird dann sehr oft das eigentliche Thema (das vereinbarte Thema, in dem es eine Einigung geben kann und soll) verlassen. Im Kapitel „Gesprächssteuerung“ (Seite 156) komme ich noch detaillierter darauf zu sprechen. Dennoch ist es wichtig, schon hier darauf hinzuweisen, dass Sie immer wieder darauf ach-

ten müssen, ob Sie sinngemäß noch über das anzupeilende Ergebnis sprechen.

Den *Prozess* überprüfen Sie mit folgender Frage:
Kommen wir so ans Ziel?
Eine typische Seminarsituation: Ich bitte eine Person, sich vorzustellen und dabei ihre Erwartungen an den betreffenden Tag kundzutun. Manchmal gelange ich dabei an einen Langredner, der sehr detailliert von seinen Erfahrungen berichtet, um irgendwann endlich seinen Namen und seine Erwartungen mitzuteilen. Es bedarf keiner großen Rechenaufgabe, um festzustellen, dass ich mit meinem Programm nicht durchkomme, wenn alle so lange reden. Ich schreite ein und bitte die Teilnehmer mit konkreter Angabe eines Zeitmaßes um ihre Wortmeldung.
Die größte Herausforderung ist wohl unsere gewählte Verhaltensstrategie. Eine beliebte Übung in meinen Seminaren funktioniert wie folgt: Ich bitte die Teilnehmer, sich paarweise zu gruppieren. Einer von beiden soll den anderen innerhalb von zwei Minuten davon überzeugen, sich kurz vom Sessel zu erheben. Das klingt sehr einfach. Das Problem: Derjenige, der vom Aufstehen überzeugt werden soll, erhält von mir im Vorfeld einen kleinen Zettel auf dem steht, wodurch er zu überzeugen ist. Da stehen keine absurden Dinge drauf, sondern tatsächliche mögliche Motivationen wie: „Sie erheben sich erst,

wenn der andere Ihnen mindestens zwei Fragen gestellt hat" oder „Sie erheben sich erst, wenn der andere Sie für irgendetwas gelobt hat" usw. Das Interessante an dieser Übung ist, jene zu beobachten, die überzeugend sein sollen: Fast immer beugen sie sich über den Sitzenden, gestikulieren wild und betonen immer lauter die Gründe, die ihnen am überzeugendsten vorkommen. Das Wichtige ist aber nicht, was den Redner überzeugt, sondern den Angesprochenen! Leider neigen in solchen Momenten Menschen oft dazu, ihr einmal eingeschlagenes Argumentationsschema weiter zu verstärken.

In der Praxis sehen wir ein solches Verhalten bei Verkaufsgesprächen. Da soll der Preis das Argument für den Kauf sein. Was aber passiert, wenn den potenziellen Käufer der Preis ziemlich kalt lässt und er sich eher für die Bedienungsfreundlichkeit oder Umweltverträglichkeit interessiert? Es kann also niemals funktionieren, sein Gegenüber stets mit denselben Verhaltensweisen zu überzeugen, ohne zu versuchen herauszufinden, was für den anderen die wesentlichen Beweggründe sein könnten. Ändert der Sprecher nun seine Strategie, indem er Fragen stellt, um zu erfahren, was den Käufer tatsächlich interessiert, wird er erfolgreich jene Argumente finden, die den anderen überzeugen.

Um rechtzeitig zu bemerken, dass Sie Ihr Verhalten ändern müssen, möchte ich Ihnen sogenannte Geprächskonstellationen vorstellen.

Gesprächskonstellationen und -qualitäten

Unter Konstellation verstehe ich die Orientierung oder Ausrichtung der beiden Gesprächspartner zueinander beziehungsweise zum Ziel. Dazu gehören:

- Die Konfrontation / Diskussion
- Die einseitige Abwendung
- Die Kooperation
- Die beiderseitige Abwendung

Bei der *Konfrontation* stoßen zwei verschiedene Vorstellungen aufeinander. Die Gesprächspartner sind sich uneins und diskutieren. Das ist der Normalfall, den wir sehr oft beobachten können. Hierbei ist es wichtig, dass beide ein Ziel vereinbaren, sich also die Frage stellen, was Sie eigentlich erreichen wollen.

Bei der *einseitigen Abwendung* beobachten wir bei einem Gesprächspartner eine passive Grundhaltung oder Flucht-Strategien. Er möchte eigentlich gar nicht diskutieren, kann aber die Interaktion nicht verlassen. Das führt dazu, dass nicht mehr wahrhaftig geredet wird, sondern oft nur ein scheinbar vernünftiges Verhalten gezeigt wird.

Beispiele: Der Kunde, der nur mehr auf die Gelegenheit wartet, aus den Fängen eines Verkäufers zu kommen, ein Mitarbeiter, der sagt, was der Chef hören will, ohne Konsequenzen zu ziehen, oder Zuhörer, die so tun, als würden sie den Ausführungen des Präsentators folgen in Wahrheit aber längst die Pläne fürs Wochenende schmieden. Diese Konstellation ist die gefährlichste. Sie bringt den, der sich um eine gute Kommunikation bemüht, in die Defensive, während der andere eigentlich nur mehr physisch anwesend ist. Wenn Sie eine solche Konstellation von der strategischen Ebene aus beobachten, dann haben Sie folgende Möglichkeiten diese zu ändern:

Sie können Ihre Beobachtungen einfach ansprechen: „Ich habe das Gefühl, dass Sie meine Aussagen nicht sonderlich interessieren. Kann ich hier etwas ändern?" Das ist ein sogenannter Meta-Kommentar. Sie verlassen die inhaltliche Ebene, um Ihre Beobachtung „von oben" mit dem Gesprächspartner zu teilen. Dadurch können Sie entsprechende Korrekturen anbringen.

Fragen wie „Ist das, was ich sage, von Nutzen für Sie?" können den passiven Gesprächspartner aktivieren.

Dann gibt es da noch die Provokation, die den anderen wieder ins Boot holt. Der Meta-Kommentar kann an sich schon provokant sein. Wenn Sie ihn noch etwas ausschmücken, übertreiben oder dramatisieren, dann sind Sie schon provokant: „Ich scheine Sie maßlos zu langweilen!"

Bei der *Kooperation* arbeiten beide an einem Ziel, das sie über ihre persönlichen Interessen stellen. Man wendet sich einer Sache gemeinsam zu und überlegt miteinander, was richtig ist. Es wird zwar diskutiert, weil jeder Gesprächspartner unterschiedliche Vorstellungen hat, aber die Kooperation orientiert sich am übergeordneten Ziel, dessen Erreichen für beide wichtig ist. Man kann das auch den Sym-Pathos nennen: auf beiden Seiten entwickelt sich eine gemeinsame Leidenschaft. Dieses gemeinsame Teilen von etwas bringt die Menschen näher und macht sie sympathisch.

Ein Beispiel: Sie stehen wartend in der Buffet-Schlange. Die Person vor Ihnen spricht Sie an, aber beide sind Sie eher Small-Talk-Muffel. Im Grunde möchten Sie beide nicht miteinander reden, weil Sie kaum etwas voneinander wissen. Bis zu dem Moment, in dem Sie eine Gemeinsamkeit entdecken. So könnten Sie etwa erfahren, dass Sie beide am gleichen Urlaubsort waren. Schon teilen Sie etwas miteinander, und das Gespräch läuft ganz von selbst. Beide wenden sich einem Thema zu.

Manchmal sind Einigungen schlichtweg nicht möglich. Besonders dann, wenn eine Konfliktpartei keine Lösung will. Und zwar so lange, bis eine dritte Partei einschreitet. In solchen Fällen brauchen wir die Möglichkeit, das Gespräch beiderseitig zu beenden. Diese *beidseitige Abwendung* ist wichtig und ohne Alternative, wenn das Gespräch keinen Sinn mehr hat.

Ein Beispiel: Ein großes Unternehmen bat uns, die Führungskräfte durch Seminare bei der Führung von Mitarbeitergesprächen zu unterstützen. In diesen Gesprächen wird Feedback gegeben, Ziele und Maßnahmen werden vereinbart. Dieses sehr sinnvolle Instrument der Führung wurde aber von manchen nicht ernst genommen. Schlecht vorbereitete Mitarbeiter stießen auf Führungskräfte, die pro Forma ein Formular mit den Mitarbeitern ausfüllten. Beide haben sich innerlich vom Thema abgewandt, aber die Gespräche wurden dennoch geführt. Man kann sich ausmalen, dass die Ergebnisse weder gut waren noch umgesetzt wurden. Die Zeitinvestition war enorm im Vergleich zum Nutzen. Somit beschlossen wir im Seminar, dass in Zukunft bei einer einseitig oder beidseitigen Abwendung, die Führungskraft das Gespräch etwa so abbrechen soll: „Ich habe nicht den Eindruck, dass wir hier wirklich auf den Punkt kommen. Vielmehr denke ich, dass wir schlecht vorbereitet sind und dem Gespräch keinen Sinn geben können. Ich schlage vor, das Gespräch hiermit zu beenden, und wir vereinbaren einen neuen Termin. Das nächste Mal besser vorbereitet." Einige Führungskräfte haben sich an diese Vereinbarung aus dem Seminar gehalten, und das hat gereicht, um im ganzen Unternehmen sinnvolle Mitarbeitergespräche führen zu können.

Der Wiener Politikberater und Prozess-Moderator Christian Rois unterscheidet drei verschiedene Gesprächsqualitäten, die ich Ihnen nicht vorenthalten möchte, weil er sie bis dato noch nicht publiziert hat:

- Die niedrigste Qualität: „Wer hat Recht?". In diesem

Zustand der Diskussion haften alle Beteiligten an dieser Frage und versuchen, sich persönlich mit ihren Meinungen durchzusetzen. Ich nenne diese Gesprächskonstellationen die Konfrontation.

- In der nächst höheren Qualität der Diskussion stellt sich die Frage: „Was ist richtig?" Hierbei ist schon erkenntlich, dass eine höhere Ebene ins Spiel kommt. Ich nenne diese Gesprächskonstellationen die Kooperation. Die Parteien arbeiten an einem höheren Ziel. Gerade in der politischen Debatte ist das aber oft nicht ausreichend. Sonst könnte man die politischen Entscheidungen Wissenschaftlern und Experten überlassen.
- Die höchste Ebene der Diskussion dreht sich um die Frage: „Was wollen wir?" Hier kommt eine Werte-Ebene ins Spiel. Was sind die wahren Ziele und welche Ideen haben wir, um diese zu erreichen? In der Analyse einer politischen Diskussion hat diese Ebene jedenfalls Sinn, weil politische Auseinandersetzungen immer wertebasiert sind. Es „gewinnt" eben nicht immer der, der Recht hat, sondern manchmal derjenige, der die Interessen oder die Werte der meisten am ehesten verkörpert.

Im wirtschaftlichen und privaten Kontext halte ich die drei Qualitäts-Ebenen von Rois nicht 1:1 für umsetzbar. Hier sind Werte weniger ideell definiert als vielmehr von Unternehmenszielen und Unternehmenswerten schon vorgegeben.

Zusammenfassend bedeutet strategisch kommunizieren also Folgendes:

- Man ist sich bewusst, dass die Inhaltsebene von der Beziehung beeinflusst wird.
- Störungen auf der Beziehungsebene werden erkannt und behoben.
- Auf der Beziehungsebene werden Aufmerksamkeit, Respekt und Vertrauen etabliert.
- Von der strategischen Ebene aus wird das Gespräch ständig überwacht. Dabei wird geschaut, ob man mit diesen Verhaltensweisen und Methoden auch tatsächlich Fortschritte in Richtung Ziel macht.
- Die Gesprächspartner sollten sich an einem gemeinsamen Ziel orientieren. Dann entsteht eine kooperative Grundhaltung.
- Wendet sich ein Gesprächspartner vom gemeinsamen Ziel ab, muss dieser wieder aktiviert werden. Das erreicht man über Fragen oder Meta-Kommentare.
- Konfrontieren sich zwei Gesprächspartner mit unterschiedlichen Sichtweisen, sollte der Fokus wieder auf das gelenkt werden, was beide erreichen möchten. Die Beiträge beider Gesprächspartner sollten danach analysiert werden, was sie zur Zielerreichung beitragen.
- Nicht jedes Gespräch kann sinnvoll geführt werden. Deswegen sollte das Abbrechen eines Gesprächs mit anschließenden Vereinbarungen für eine etwaige, bessere Fortführung möglich sein.

In der Hitze des Gefechts

Emotionen in der Kommunikation

Die eigenen Emotionen kontrollieren – wie geht das?

Emotion kommt aus dem Lateinischen und bedeutet so viel wie „in Bewegung setzen“. Destruktive Emotionen setzen unseren Geist so in Bewegung, dass dieser verwirrt wird. Wenn unser Denken durcheinander gerät, dann sehen wir die Dinge nicht mehr so, wie sie sind. So fällt es uns schwer, jemandem in einer Sache Recht zu geben, der uns kurz zuvor geärgert hat. Wir suchen dann nach Gründen, warum diese für uns ärgerliche Person in jeder Hinsicht Unrecht hat. Da das Zeigen von Gefühlen im Berufsleben als Schwäche ausgelegt wird, ist es eine weit verbreitete Strategie zu versuchen, den anderen vermeintlich sachlich zu widerlegen. Obwohl wir doch nur ein Problem mit dessen Verhaltensweise haben. Gefühle können durchaus positiv sein. Insbesondere dann, wenn es konstruktive sind wie Hingabe, Interesse, Faszination etc. Es gibt aber auch destruktive Emotionen. Und die sollten wir bewachen wie bissige Hunde!

Was sind destruktive Emotionen? Die kompakteste Antwort auf diese Frage habe ich im Buddhismus gefunden. Dieser kennt fünf destruktive Emotionen: Hass, Eifersucht, Verwirrung, Begierde und Stolz. Diese Begriffe stehen allerdings für Emotions-Familien. So gehören beispielsweise Abneigung und Desinteresse zur Kategorie Hass, Neid und Missgunst zu Eifersucht, Unwissenheit und fehlende Konzentration zur Verwirrung, Zwang und Süchte zur Begierde und Egoismus und Narzissmus zu Stolz. Nicht alle sind echte Emotionen, die auch mit Gefühlen verbunden sind, sondern entsprechen teils eher Lebenseinstellungen oder Persönlichkeitsmerkmalen.

Im Westen trennen wir oft kognitiv (geistig, denkend) von emotional (fühlend). In Wahrheit gehören aber beide Aspekte zusammen. Wir haben immer Gefühle und diese interagieren immer mit unserem Denken. Wenn Sie ein gutes Gefühl beim Betreten eines Hotels haben, weil Sie sich schon lange darauf freuen, dort ihren Urlaub zu verbringen, dann werden Sie auch das Positive zuerst sehen und gute Gründe suchen, warum das Hotel die richtige Wahl war. Die Frage ist nur, in welchem Ausmaß wir Emotionen zulassen und wie wir uns dabei entlarven, wenn sie beginnen uns zu verblenden. Emotionen werten nämlich das, was wir wahrnehmen, und durch diese Bewertung beginnen wir zu interpretieren. Wenn Sie einem Menschen begegnen, der gerade ein sehr grimmiges Gesicht macht, werden Sie ihn eher negativ bewerten und sich vielleicht denken, dass er ein unfreundlicher Mensch ist (Interpretation). Diese Interpretationen sind gefährlich, weil sie uns die Sicht auf Dinge in Wahrheit versperren. Der Gesichtsausdruck Ihres Gegenübers kann auch nur momentane Gründe haben, prinzipiell ist derjenige vielleicht ein sehr zuvorkommender netter Mensch. Treten Sie ihm aber auf-

grund Ihrer Emotion unfreundlich gegenüber, wird er vermutlich tatsächlich unfreundlich auf Sie reagieren. Und so schließt sich ein Teufelskreis – oder anders ausgedrückt eine selbst erfüllende Prophezeiung. Emotionen verraten uns vordergründig nie ihre Ursache. Wir interpretieren zwar kontinuierlich die Gefühlsregungen anderer, wissen aber nicht, woher sie kommen. Dessen sollten wir uns immer bewusst sein. Ihre Interpretationen sind nämlich frei! Sie können sich vor das schönste Gemälde stellen und es schlecht machen – weil Sie mies drauf sind.
Ich habe dieses Verhalten oft in Firmen beobachtet, wo es eine negative Einstellung zu den Führungskräften haben seitens der Mitarbeiter vorherrscht. Dann ist es gleichgültig, was die Führung tut oder lässt, es wird von den Mitarbeitern stets negativ ausgelegt. Die besten Angebote für die Belegschaft werden schlechtgeredet mit Argumenten wie: „Die sollten uns das investierte Geld besser aufs Konto überweisen!". Wenn die Einstellung von Haus aus destruktiv-negativ ist, wird immer ein Weg gefunden, diese aufrecht zu erhalten.

Die fünf destruktiven Emotionen

Die fünf destruktiven Emotionen möchte ich nun etwas genauer erläutern und dabei auch gleich mögliche Verhaltensweisen im Umgang mit ihnen vorschlagen:

Hass

„Hass" ist ein sehr starkes Wort. In einer abgeschwächten Form gehören in diese Kategorie auch Desinteresse, Ablehnung, Antipathie, Abneigung, Ärger etc. Wichtig ist, den Hass nicht überhand nehmen zu lassen. Wir sollten uns klar darauf konzentrieren, was wir nicht mögen, und uns dabei ertappen, wenn wir generalisieren. Damit meine ich unsere Tendenz, nicht nur eine Sache nicht gut zu finden, sondern dann gleich mehrere. So finden wir schnell einmal ein ganzes Land schlecht, nur weil wir während unseres einwöchigen Urlaubsaufenthalts dort nichts Schönes entdecken konnten. Oder wir verurteilen eine ganze Person aufgrund einer Eigenschaft, die uns nicht liegt: „Er ist furchtbar geizig und deshalb ein gänzlich schlechter Mensch."

Ärgernisse sollen uns dabei auch eine Lehre sein. Sie zeigen uns nämlich, wo wir empfindlich sind, und zeigen uns den Pfad zu unseren wahren Werten. Ich rate oft Führungskräften, die an ihrem Führungsstil arbeiten möchten, ihre Mitarbeiter zu fragen, womit man sich bei ihr (der Führungskraft) unbeliebt macht. Die Antworten der Mitarbeiter geben dann gute Hinweise darauf, was am Führungsstil geschätzt wird und was nicht. Oft sind es nämlich die Kleinigkeiten im Umgang miteinander und nicht die groß postulierten Werte, die wie ein Menetekel in einem Mission Statement stehen, die keiner mehr wirklich versteht.

Gehen Sie Ihrem Hass auf den Grund! Hassen Sie eine Eigenschaft an Ihrem Gegenüber, weil die Sie möglicherweise an Ihnen selbst stört? Oder wären Sie gern in der Lage, auch so zu kommunizieren wie der andere und schaffen es nur nicht? Ein Beispiel: Ein Mann betritt ein Lokal und äußert seine Wünsche mit Nachdruck. Sofort wird ihm der passende Tisch zugewiesen und er genießt auch die entsprechende Aufmerksamkeit. Was ärgert Sie? Dass er sich traut, sich durchzusetzen, oder sein rüpelhaftes Verhalten?

Der Gegenpol zu Hass ist Liebe. Versuchen Sie Ihrem Gefühl des Hasses mit liebevoller Zuneigung zu begegnen und im Anschluss an die Situation zu reflektieren, was Ihre Antipathie wirklich ausgelöst hat. Oft hören wir den Rat, dass wir unserem Ärger Luft machen sollten. Ich schließe mich hier der Meinung des US-amerikanischen Anthropologen Paul Ekmans an, der davon abrät. Da es meistens einen Grund für Zorn gibt, sollten wir diesen ansprechen, aber nicht einfach die Wut raus lassen. Vielleicht haben Sie schon einmal die Erfahrung gemacht, dass Sie dachten, ein Ärgernis schon überwunden zu haben und nun sachlich mit der Person reden zu können. Aber plötzlich stieg der Ärger wieder auf, und Sie verspürten ihn wieder genauso intensiv. Er vergeht also nicht, wenn Sie ihn bloß raus lassen. Deswegen ist es wichtig, das Primär-Gefühl (Was war vor der Wut?) zu erkennen und darüber zu sprechen. Es ist für den anderen annehmbarer und für das weitere Gespräch sinnvoller, wenn Sie sagen, was bei Ihnen den Ärger auslöst. Beispielsweise ärger sich jemand darüber, nicht zu einer Sitzung eingeladen worden zu sein. Der Ärger entsteht, weil sich die Person damit ausgeschlossen und für das Projekt unwichtig fühlt: „Wenn Sie mich zu dieser Sitzung nicht einladen, habe ich den Eindruck, dass ich nicht wichtig genug für das Projekt bin.“ Beginnen Sie mit: „Es ist eine Frechheit, dass…“ dann artikulieren Sie den Ärger in Form eines Vorwurfs. Dieser kann das Gespräch leichter eskalieren lassen.

Eifersucht

Eifersucht ist dem Neid sehr ähnlich. Neid bedeutet, dass Sie einem anderen eine Sache nicht gönnen, weil Sie die lieber für sich selbst hätten. Sie vergleichen sich mit dem anderen. Vergleiche machen meistens unglücklich, außer Sie fördern den sportlichen Antrieb im Sinne eines Wettkampfes. Im Sport gehört es sich aber auch, nach verlorenem Kampf dem Stärkeren die Hand zu reichen und ihm zu gratulieren. Das passiert im beruflichen Alltag doch eher selten. Da werden dann Revanchen ausgedacht im Sinne von „Ich werde es dir schon noch zeigen“. Gerade in Teams wäre es aber wichtig, dass sich jene mit den besseren Ideen auch durchsetzen.
Versuchen Sie in Zukunft, wenn Sie einen „Kampf“ verloren haben, dem „Gegner“ zu gratulieren!

Vergleichen Sie sich nicht mit anderen in ihren Persönlichkeitsmerkmalen – weil sie wahrscheinlich zu unterschiedlich sind. Suchen Sie den Vergleich im Abwägen der besten Lösungen für das gemeinsame Ziel, und lenken Sie das Gespräch auf diese Punkte.

Verwirrung

Die Dinge nicht so sehen zu können, wie sie wirklich sind, ist eine Form von Verblendung, die mehrere Ursachen haben kann. Mangelndes Wissen über die Dinge ist der Hauptgrund. Befinden Sie sich zum Beispiel in einer anderen Kultur, könnten Sie gewisse Verhaltensweisen als beleidigend empfinden und falsche Schlüsse über die handelnden Personen ziehen. Das Wissen um die Unterschiede in der Etikette hilft Ihnen, die Signale der anderen richtig zu deuten.

Mangelnde Konzentrationsfähigkeit ist ein weiterer Grund für die Verwirrung. Dies geschieht oft, wenn Sie im Stress sind oder gerade nicht gut drauf sind. Beispielsweise könnte Sie ein persönlicher Angriff dermaßen aus der Ruhe bringen, dass Sie nur mehr die Verletzung durch diesen Angriff fühlen und nicht mehr wahrnehmen, dass die Aussage vielleicht sogar ein Schwächezeichen war, weil dem anderen die sachlichen Argumente ausgegangen sind. Wir neigen dann zu Blackouts oder blinden und destruktiven Gegenangriffen.

Fühlen Sie sich das nächste Mal verwirrt, dann stellen

Sie sich und Ihrem Gesprächspartner folgende Fragen: Worum geht's hier eigentlich? Was wollen wir? Wie kommen wir dort hin? Welche Informationen brauchen wir noch?

Begierde

Begehren bedeutet etwas zu wollen. Das ist prinzipiell natürlich nichts Schlechtes. Wie immer macht die Dosis das Gift! Wollen Sie unbedingt Recht bekommen, dann werden Sie das Ihrem Gesprächspartner bewusst und oder unbewusst signalisieren. Damit haben Sie schon automatisch eine schlechtere Position im Gespräch, weil er etwas hat, das Sie brauchen: Ihr Recht-Haben. Die Begierde hat noch weitere Konsequenzen. Wenn wir etwas haben möchten und es bekommen, dann neigen wir dazu, es behalten zu wollen oder gar noch mehr davon zu benötigen. Dieses Anhaften macht uns abhängig und verklärt unseren objektiven Blick auf die Tatsachen. Der Dalai Lama meinte einmal: „In einen kühlen Gebirgssee zu springen an einem heißen Sommertag ist ein Glücksgefühl, das wir gern genießen möchten. Dieses Glück hängt aber geradezu davon ab, dass es nicht von Dauer ist. Oder möchten Sie dort zwei Stunden schwimmen müssen?" An Meinungen festzuhalten macht uns blind für Neues, Besseres. Dennoch passiert genau das allzu oft. Wir glauben, wenn wir unsere Meinung ändern, einen Teil von uns zu verraten. Das kann so weit gehen, dass Menschen stur und steif etwas behaupten, das schon längst widerlegt ist. Schlicht und einfach deswegen, weil ihr Selbstwertgefühl es nicht zulässt zuzugeben, dass sie sich geirrt haben. In Teams ist das fatal. Wir arbeiten mit anderen Menschen zusammen, um gemeinsam ein besseres Ergebnis zu erzielen. Werden die Meinungen anderer unterdrückt, um sein eigenes Ego zu wahren, dann verschlechtert dieses Verhalten das Ergebnis.

Stolz

Von sich selbst ein gutes Bild zu haben, ist nichts Schlechtes. Wenn dieses Selbstbild allerdings impliziert, dass man andere schlecht machen muss, sich selbst ständig überhöht und Aussagen anderer nur deshalb ablehnt, weil sie nicht von einem selbst kommen, dann spreche ich von einer Form des Stolzes, der destruktiv ist. Wir sollten lernen, jeden Menschen gleich wichtig zu nehmen und ihn als Mensch voll und ganz zu respektieren. Das bedeutet keinesfalls, dass wir sein Verhalten immer gut heißen müssen. Das Trennen von Mensch und Verhalten ist eine wichtige Voraussetzung, um miteinander arbeiten zu können. Wenn uns unser Stolz daran hindert, den anderen genauso ernst zu nehmen wie sich selbst, dann sollten wir uns fragen: Was verliere ich denn, wenn ich hier nachgebe?

Lernen Sie Recht zu geben und dies auch auszusprechen, wenn der andere Recht hat. Loben Sie, wenn Sie Möglichkeiten dazu haben, und danken Sie dem anderen, wenn Sie durch den Beitrag des anderen eine neue Perspektive auf ein Thema erhalten durften. Auch wenn Sie sich schlussendlich durchsetzen, war es wichtig, eine andere Sichtweise auf das Thema bedacht zu haben.

Lernen Sie, um Hilfe zu bitten! Das kann den Gesprächspartner sogar entwaffnen: „Fallen Ihnen noch Argumente ein, die meinen Standpunkt untermauern könnten?" – „Sehen Sie auch noch Vorteile aus Ihrer Perspektive?" Natürlich kann das auch gewaltig nach hinten losgehen. Ich kann Ihnen hier in diesem Buch, in dem es mir darum geht, Ihnen alle möglichen Optionen aufzuzeigen, natürlich nie ersparen, konkret vor Ort zu entscheiden, welche Taktik Sie in einer bestimmten Situation anwenden sollten. Oft fürchten wir uns aber zu sehr vor unserer eigenen Ehrlichkeit. Ich darf hier meine Großmutter zitieren: „Zu Tode gefürchtet ist auch gestorben!" Meiner Erfahrung nach ist Ehrlichkeit oft entwaffnender und jedenfalls authentischer als irgendein vorgeschobenes und damit unglaubwürdiges Gehabe. Die Emotion, die Sie gerade verspüren, ist ein Faktum und zwar ein knallhartes. Menschen, die Emotionen ins Reich der Fantasie abtun („Hier geht es um reine Fakten und nicht um Ihre Gefühle!" – „Könnten Sie endlich ein wenig sachlicher sein!" und Ähnliches) vergessen das. Sie glauben, sachlich zu sein, und übersehen dabei, dass es eine reine Sachlichkeit gar nicht gibt. Selbst Objektivität ist etwas, das wir zwar anstreben sollten, aber nie ganz erreichen, weil immer Gefühle im Spiel sind, die unsere Interpretation beeinflussen. Und Gefühle sind mächtiger als Argumente! Paul Ekman schreibt zu diesem Thema, dass Menschen eher verhungern als etwas essen würden, das sie anekelt. So stark kann das Gefühl (Ekel) sein. Wenn Sie mit Vorwürfen konfrontiert werden, dann kontern sie mit: „Mein Gefühl in dieser Sache ist ein Faktum.“

Die Fähigkeit des Menschen, Emotionen zu kontrollieren, ist ein wesentliches Unterscheidungsmerkmal zum Tier. Dennoch sind wir nicht immer in der Lage, Gefühle zu dosieren oder den gesellschaftlichen Gepflogenheiten in einer bestimmten Situation anzupassen. Das hängt sowohl von unserer Stimmung ab als auch von unserem Charakter. Was ist der Unterschied zwischen einem Gefühl und einer Stimmung? Das Unterscheidungsmerkmal ist die Dauer. Ein Gefühl kann sich sehr schnell ändern, während eine Stimmung länger anhält. Und unsere charakterlichen Anlagen sind wohl nur sehr schwer bis gar nicht zu ändern. Deswegen hat es Sinn sich zu überlegen, wie Sie zunächst verhindern, ausschließlich gefühlsbestimmt zu reagieren. Hierzu möchte ich Sie auf das Kapitel „Impulsreaktionen“ (Seite 76) verweisen. Stimmungen sollten wir auch eigenbestimmt beeinflussen können. Hilfreich hierbei ist, dass Sie wissen, was Ihnen gut tut, um schlechte Stimmungen los zu werden.

Sie können es Ausgleichstätigkeiten nennen, die Ihnen dabei helfen, Ihre Mitte wiederzufinden. Auf sich selbst zu konzentrieren und ruhig zu werden. Egal, was Sie tun, Sie sollten es jederzeit, überall, alleine und nachhaltig machen können. Fußball ist zwar ein toller Ausgleich, braucht aber Mitspieler, Reiten kann auch ausgleichen, wird aber nicht überall und jederzeit möglich sein. Leider greifen deshalb viele Menschen zu Medikamenten oder gar Drogen, was wiederum nicht nachhaltig ausgleichend wirkt und schlussendlich alles verschlimmert. Am effektivsten ist die Meditation. Wenn Sie hier an orange gekleidete Mönche denken, die nur asketisch leben, dann ist das eine sehr einseitige Sicht von Meditation. Der Dalai Lama verglich die Aufgeregtheit unserer Zeit mit einem See, der aufgepeitscht von Stürmen hohe Wellen schlägt. Fällt in solch einen See ein Stein, dann werden Sie seine Wellen nicht sehen und auch nicht beobachten können. Sie werden auch nicht sehen können, wo genau der Stein in den See gefallen ist und auf den Grund aufgeschlagen hat. Der Stein steht vergleichend für all die Dinge, die den ganzen Tag auf uns einprasseln: ärgerliche Chefs, fordernde Kunden, Termindruck, Deadlines, Fehler usw. In diesem Wirrwarr verlieren wir die Konzentration und die Fähigkeit, ein Problem vom anderen zu trennen und schrittweise bedacht vorzugehen. Meditation bedeutet die Beruhigung dieses Sees. Es gibt genügend Literatur zum Thema Meditation, weshalb ich hier nicht zu ausführlich darauf eingehen möchte. Das Wesentliche dabei ist, sich auf eine Sache zu konzentrieren und sich dabei zu beruhigen. Das kann Ihr Atem sein, den Sie einfach beobachten oder zählen, das kann langsames und konzentriertes Gehen sein, Musik hören, das Betrachten eines Baumes, das Spielen mit Ihren Kindern oder Haustieren oder das Malen eines Bildes usw.

Das Führen eines Tagebuchs hilft auch dabei, Muster in Ihren Gefühlen und den daraus resultierenden Reaktionen zu erkennen. Durch die Verschriftlichung Ihrer Gedanken lernen Sie, die Dinge zu benennen, die Sie bewegen.

Eine andere Möglichkeit, Ihre Stimmung unabhängig von den Umständen zu beeinflussen sind Rituale. Das sind Tätigkeitsabfolgen, die Sie immer gleich ausführen. Sie können sich beispielsweise ein Morgen- und ein Abendritual überlegen. Und vielleicht noch eines, um sich untertags wieder zu erden. Beispiele hierfür sind: das genüssliche Zeitungslesen in der Früh ohne Konversation, lesen am Abend, den vergangenen Tag mit einer punktuellen Checklist abschließen („Was habe ich heute alles gut gemacht?“ und „Was mache ich morgen anders?“), das Kind am Abend zu Bett bringen und noch eine Geschichte vorlesen, kochen alleine oder mit dem Partner und gemeinsam über den Tag sprechen usw. Seien Sie kreativ und finden Sie Wege, die Sie wieder zu einem ruhigen See machen.

Natürlich können Sie nicht während eines Meetings meditieren. Diese Praxis hilft Ihnen dabei, Ihre Stimmung im Allgemeinen zu beruhigen und den Mechanismus zu trainieren wie Sie sich fassen können. Das hilft Ihnen dann in der konkreten Situation. Wenn ein Gefühl aber sehr stark wird, dann überlegen Sie einmal, ob Sie Ihr Gefühl nicht auch artikulieren können. Manchmal wird das Setting nicht dazu geeignet sein, weil Sie sich sonst vielleicht lächerlich machen. Aber öfter, als man glauben würde, ist eine authentische Aussage über die eigene Stimmung sehr überzeugend: „Ich bin von der Art, wie Sie gerade Ihre Meinung vertreten haben, sehr irritiert und möchte mit diesem Gefühl nicht unbedacht antworten." – „Derzeit habe ich ausschließlich das Gefühl, dass ich nicht den Respekt erhalte, den ich Ihnen gewillt bin zu zollen. Deshalb halte ich eine Reaktion meinerseits derzeit für sinnlos." – „Ich fühle mich gerade überrollt und möchte im Sinne eines überlegten und sachlichen Dialoges jetzt nicht darauf eingehen."
Charakterbildung ist natürlich auch eine Aufgabe, die wir nicht vernachlässigen sollten. Dazu ist eine gewisse Fähigkeit zur Objektivität und Ehrlichkeit sich selbst gegenüber wichtig. Zu werden, wer man eigentlich ist, setzt voraus, dass man sich selbst sieht. Oft sehen wir nur das, was uns dazu fehlt, um das zu sein, was „die anderen" von uns wollen. Damit sind Eltern, gesellschaftliche und eigene Ideale und Rollenmuster gemeint,

die laut Erich Fromm einen Gesellschaftscharakter formen, der sich vom individuellen, eigenen Charakter unterscheiden kann. Auch wenn man sich nie ganz von den Erwartungen der Umgebung lösen kann und auch nicht soll – schließlich möchten wir ja gesellschaftsfähig bleiben –, bestimmt auch hier der Grad über unsere Gesundheit. Leben wir nur für andere, erfüllen wir nur ihre Zielvorstellungen, werden wir uns selbst auch nur danach bewerten. Das macht blind gegenüber all dem Schönen, das in uns steckt.
Virginia Satir formulierte hier menschliche Freiheiten, zu denen sie als Familientherapeutin ihren Klienten verhelfen wollte. Sie liefern auch Ihnen einige interessante Impulse, die ich Ihnen nicht vorenthalten will:

- Die Freiheit zu sehen und zu hören, was im Moment wirklich da ist, anstatt das, was sein sollte, gewesen ist oder erst sein wird.
- Die Freiheit, das auszusprechen, was ich wirklich fühle und denke, und nicht das, was von mir erwartet wird.
- Die Freiheit, zu meinen Gefühlen zu stehen, und nicht etwas anderes vorzutäuschen.
- Die Freiheit, um das zu bitten, was ich brauche, anstatt immer erst auf Erlaubnis zu warten.
- Die Freiheit, in eigener Verantwortung Risiken einzugehen, anstatt immer nur auf Nummer sicher zu gehen und nichts Neues zu wagen.

Umgang mit emotionalisierten Gesprächspartnern

Ich kann Ihnen hier einige Hinweise für den Umgang mit emotionalisierten Personen zeigen, die höchst wirksam sind. Die einzige Gefahr sind dabei Sie selbst – nämlich, dass Sie sich zu sehr von der Stimmung des anderen infizieren lassen und damit die Kontrolle verlieren. Eigene Emotionen zu kontrollieren ist nämlich – wie oben dargestellt – bedeutend schwieriger. Um sich vor der Stimmungsübertragung zu schützen, habe ich einen Kunstgriff: Ich denke mir immer, dass diese Person ganz sicher einen wirklich guten Grund hat, sich so zu verhalten. Und das stimmt auch meistens. Manche Menschen, die sich innerlich klein fühlen, weil ihr Selbstwertgefühl niedrig ist, müssen sich umso größer nach außen machen. Wie oft habe ich doch bei Trainings vor allem in der Gastronomie Fälle mit meinen Teilnehmern bearbeitet, in denen sich ein vermeintlich präpotenter und unangenehmer Gast plötzlich als ein ganz lieber, netter Mensch entpuppte – nur, weil mit ihm professionell umgegangen wurde. Folgende Methoden können Sie in den meisten Fällen erfolgreich anwenden:

Refraktärphase aushalten

Unsere Emotionen verändern unsere Wahrnehmung. Zumeist fokussiert die Wahrnehmung darauf, was die Emotion auslöst. Dabei wird Erstere natürlich erheblich eingeschränkt. In der sogenannten Refraktärphase ist unser Gehirn nachweislich nicht in der Lage, irgendwelche Informationen aufzunehmen, die dem Gefühl widersprechen. Wenn beispielsweise ein wütender Kunde anruft und sich beschwert, dann kann sich der Zorn verstärken, weil der Kunde über seine Enttäuschung und die daraus resultierende Wut spricht. Während dieser Phase ist es eigentlich sehr einfach, das Richtige zu tun: Nämlich gar nichts! Hören Sie einfach nur aktiv zu. Geben Sie dem Gegenüber Zeichen, dass Sie da sind und dass es Sie interessiert, was er zu sagen hat. Achten Sie darauf, dass Sie keinesfalls irgendetwas persönlich nehmen. Der Kunde will nur seinen Ärger loswerden, was, wie oben erwähnt, dazu führt, dass er die Wut nochmals durchlebt. Sagen Sie keinesfalls etwas, das dem Kunden Anlass geben könnte, seinen Ärger noch zu verstärken. Wir wissen vom Umgang mit unseren eigenen Emotionen, dass Zorn ein sehr heftiges Gefühl ist, dass mit sehr starker Motivation einhergeht, für das zu kämpfen, was man will oder das zu bekämpfen, was man nicht will. Der Zornige ist also jedenfalls eher gewillt, mehr an Gewalt und Anstrengung in das Gespräch zu legen, wenn Sie ihm zu verstehen geben, dass „doch alles nicht so schlimm ist" oder „er sich doch jetzt nicht so aufregen soll". Respektieren Sie seine Wut! Die banale Weisheit „Druck erzeugt Gegendruck" ist hier sehr passend. Diese

Refraktärphase kann einige Sekunden aber durchaus auch einige Minuten lang dauern. Schalten Sie auf Durchzug und warten Sie ab, bis Ihr Gegenüber wieder in der Lage ist, mit Ihnen so zu sprechen, dass er auch Informationen verarbeiten kann.

Die gute Absicht dem anderen unterstellen und sie ansprechen

Diese Praktik habe ich aus meinen Überlegungen zum Thema Vertrauen gefunden. Wenn wir jemandem eine gute Absicht in und gute Gründe für sein Handeln unterstellen können, dann schaffen wir es, dieser Person zu vertrauen. Diese guten Gründe für das Verhalten können gleichsam als Rechtfertigung der emotionalisierten Person vorgeschlagen werden. Fast als würden Sie von Ihrem Gegenüber dessen Rechtfertigungsaufgabe übernehmen. Ein Beispiel aus einem privaten Erlebnis:
Als ich für mich und meinen Hund Leopold ein Haus mit Garten in Wien suchte, habe ich ihn jedes Mal im Garten unseres potenziell neuen Hauses von der Leine gelassen. Mir schien das intelligent – schließlich kann ich dann sehen, ob es irgendwelche Gefahrenzonen für ihn gibt und ob er sich hier wohl fühlt. In einem sehr noblen Wiener Gemeindebezirk machte ich dasselbe, während ich mich mit dem Makler über das Haus unterhielt. Plötzlich stürmte ein älterer Mann Wut schnaubend auf uns zu – wem denn dieser Hund gehöre und

was das nicht für eine Frechheit sei, einen Hund einfach frei herumlaufen zu lassen, brüllte er mir entgegen. Für diese Haltung einem Hund oder besser gesagt seinem Besitzer gegenüber gibt es sehr wohl einen wirklich guten Grund: Angst! Ich hatte einmal eine Freundin, die sich sehr vor Hunden fürchtete. Da habe ich mir geschworen, nie zu einem dieser Hundehalter zu werden, die ständig die Harmlosigkeit der Tiere beschwören. Deshalb reagierte ich auf den Mann so: „Verzeihen Sie bitte, der Hund gehört mir. Ich wusste nicht, dass hier jemand ist, der sich durch ihn bedroht fühlen könnte!" Der Mann war noch eine Zeit lang wütend, aber innerhalb kürzester Zeit offenbarte er mir seinen – guten! – Grund: Seine Frau hat Angst vor Hunden, und ich wusste nicht, dass „unsere" Gärten nicht durch einen Zaun getrennt waren. Somit ergab sich ein nettes Gespräch über Hunde und Hundephobie sowie Besitzern, die rücksichtslos mit den Ängsten anderer Menschen umgehen. Achtung: Natürlich funktioniert das nicht bei jeder Person, und Ihr Tonfall könnte auch nur mit dem leichtesten Hauch von Sarkasmus die Wirkung genau ins Gegenteil verkehren. Aber versuchen Sie es!

Die goldene Verhaltensregel beachten

Diese Regel ist die beste und effektivste von allen. Sie besagt nichts anderes, als dass wir einfach so reagieren sollten, als hätte sich die emotionalisierte Person soeben optimal verhalten. Sie basiert auf folgenden Überlegungen: Wir lassen uns nicht von einer schlechten Stimmung infizieren und wir machen unsere Höflichkeit nicht vom Verhalten des Gegenübers abhängig. Wir bleiben sozusagen bedingungslos professionell. Genauso wie man die gute Erziehung eines Menschen dann am besten erkennen kann, wenn er sie eigentlich nicht bräuchte. Wenn Sie damit Schwierigkeiten haben, weil Sie sich doch über das schlechte Verhalten ärgern, dann betrachten Sie es als Spiel. Bleiben Sie im strategischen Blickwinkel und bedenken Sie, dass jeder Streit (sprich: Sie reagieren auf das schlechte Verhalten des anderen mit ebenso schlechtem Ihrerseits) länger braucht und mehr Energie verbraucht als das kleine Spielchen.

Mauern Sie nicht!

„Mauern" bedeutet, dass Sie sich eine kühle Fassade zulegen, hinter der Sie Ihre eigenen Emotionen verstecken. Es reicht oft nicht, einem verärgerten Kunden eine ganz einfache Lösung anzubieten. Stellen Sie sich einmal folgenden Fall vor: Sie leiden seit Tagen an unerklärlichem Kopfweh und gehen zu Ihrem Arzt. Der hört Ihnen zwar zu, zeigt aber kein Interesse daran, näher auf Ihr Problem einzugehen, sondern verschreibt Ihnen einfach eine Tablette. Hätten Sie Vertrauen in den Arzt? Sicher nicht. Erst wenn er Ihnen aktiv zugehört hat, ein paarmal nachgefragt, nachgedacht, Mitgefühl gezeigt hat und

Ihnen dann ein Medikament verschreibt, werden Sie gewillt sein, es einzunehmen. Weil dieser Arzt Ihre Sorge ernst genommen hat. Schnelle Lösungen sind oft nicht akzeptabel, weil sie unser Problem, das uns ja schließlich wichtig war, zu wenig gewürdigt haben.

Nirgends habe ich mehr über den Umgang mit Emotionen gelernt als mit meinen Kunden aus der Gastronomie. Alle hier vorgestellten Methoden sind vielfach erprobt und wirksam. Aber bedenken Sie immer, dass ein verärgerter Mensch Gründe für seinen Ärger suchen wird, und wenn Sie ihm auch nur die kleinsten Untertöne, die flüchtigste Mimik oder Gestik liefern, die seinen Ärger nährt, dann wird er sie als Aufforderung interpretieren, den Ärger andauern zu lassen.

Zu Beginn von Seminaren mit den Titeln „Kundenorientierung“ oder „Beschwerdebehandlung“ stelle ich meistens zwei Fragen: Hat der Kunde immer Recht? Ist der Kunde König?

Auf die erste wird meistens mit „Nein“ geantwortet, was auch häufig den Tatsachen entspricht. Dann frage ich: „Wenn der Kunde Unrecht hat, was tun wir mit diesem überlegenen Wissen unsererseits?“ Hier spaltet sich dann die Gruppe in diejenigen, die dem Kunden sein Unrecht genüsslich unter die Nase reiben und den anderen, die meinen, dass man lieber über sein eigenes Recht-Haben schweigt. Letzteres ist strategisch gesehen sicher die richtige Verhaltensweise. Niemand genießt es, wenn er

Unrecht hatte. Manchmal ist es sogar regelrecht peinlich. Die besten Beispiele hierfür habe ich wieder in der Gastronomie sammeln können: Ein junger, etwas unsicherer Mann, der seine Angebetete das erste Mal ausführt und dann zu seinen „Gnotschi" einen „lieblichen" Traminer bestellt und nicht weiß, dass er sowohl das Gericht falsch ausgesprochen als auch den Wein falsch kategorisiert hat, würde vielleicht im Boden versinken, wenn er auf diese Fehler durch den Kellner aufmerksam gemacht werden würde. Oder das Gespräch artet in eine unangenehme Wer-hat-jetzt-Recht-Diskussion aus. Da der Mann mehr zu verlieren hat als der Kellner, nämlich das Gesicht vor seiner Begleiterin, wird er auch gewillt sein, sich intensiver zu verteidigen. Das kostet nur Nerven, Zeit und schafft viel Unruhe.

Die zweite Frage „Ist der Kunde König?" wird oft witzelnd mit „Nur wenn ich dann Kaiser bin!" beantwortet oder gar mit „Sicher nicht in meinem Reich!". Die Frage ist aber sehr leicht und nur wie folgt vernünftig zu beantworten: „Natürlich sind wir *beide* Könige und verhalten uns auch entsprechend!" Die berühmte und für ihren Service hoch prämierte Hotelkette Ritz-Carlton hat als Servicephilosophie folgenden Claim: „Ladies and Gentlemen serving Ladies and Gentlemen." Wenn sich das Personal wie Ladies und Gentlemen benimmt, dann hat das eine ungeheure Wirkung auf die Gäste. Im Grunde nichts anderes als die goldene Verhaltensregel:

Wir bleiben professionell und höflich, und das wird zu mehr Verhaltensänderungen beim Gegenüber führen als dümmliche Streitereien und Rechthabereien.
Warum tun sich aber so viele so schwer gerade mit dieser Regel? Weil ihr Selbstwertgefühl vom anderen angegriffen wird! Sie fühlen sich erniedrigt durch schlechtes Benehmen des anderen und müssen dann wieder auf Gleichstand ziehen, indem Sie das Ärgernis ansprechen oder bekämpfen. Das ist zwar sehr verständlich und menschlich, aber in mehrerlei Hinsicht nicht professionell: Es kostet Zeit, somit Geld, negative Stimmungen werden prolongiert, die Konzentration auf das Wesentliche geht verloren und die schlechte Stimmung könnte sich im Raum sogar auf andere übertragen. Der wahre Egoist handelt also professionell, weil er mehr davon hat!

Cool bleiben

Das Selbstwertgefühl und die Gelassenheit

Im ersten Kapitel habe ich die drei Bedürfnisse an die Beziehungsebene des Gesprächspartners erklärt, die John McKean ausgeführt hat: Aufmerksamkeit, Respekt und Vertrauen.
Ist eines dieser Bedürfnisse nicht gegeben, kommt es zu Störungen, die eine sachlich-inhaltliche Kommunikation unmöglich machen. Mit dem strategischen Blick auf das Gespräch müssen wir immer wieder kontrollieren, ob nicht vermeintlich inhaltliche Missverständnisse auf eine Störung auf der Beziehungsebene zurückzuführen und folglich auch dort zu lösen sind.
Unser Verhalten wird von vielen Faktoren bestimmt: Dem Gefühl, das Sie im Moment eines Impulses (also etwas, auf das Sie reagieren müssen oder können) verspüren, der Stimmung, in der Sie sind, Ihrer Position (der Chef wird anders reagieren müssen als der Kollege), der Situation (in einer gemütlichen Runde mit Freunden reagieren Sie sicher anders als in einem edlen Restaurant) und natürlich Ihrem Charakter. Menschen sind nun einmal unterschiedlich und haben somit unterschiedliche Verhaltensweisen. An dieser Stelle möchte ich einen Aspekt hervorheben, der sehr stark mit Ihrem Charakter zusammenhängt: dem Grundwert Ihres Selbstwertgefühls.

Was ist das Selbstwertgefühl?

Sehr einfach definiert ist es nichts anderes als die Art und Weise, wie Sie zu sich selbst stehen. Ob Sie sich grundsätzlich mögen oder nicht, und wodurch dieses Gefühl genährt wird. Den Ursprung hat das Selbstwertgefühl in unserer Kindheit. Der Psychoanalytiker und Philosoph Erich Fromm unterscheidet zwei verschiedene Arten von Liebe, die wir als Kinder erfahren können: die mütterliche und die väterliche. Die mütterliche Liebe ist die bedingungslose Liebe ob unserer Existenz. Die väterliche Liebe ist die bedingte Liebe ob der Handlungen, die wir setzen. Beispielhaft ausgedrückt: Der Vater lobt uns dafür, dass wir beim Fußball ein Tor geschossen haben, und die Mutter ist froh, dass wir wieder gesund nach Hause gekommen sind. Einmal müssen wir etwas für unsere Anerkennung tun, das andere Mal nicht. Die Unternehmensberaterin Vera F. Birkenbihl unterscheidet in weiterer Folge sogenannte Tuns- und Seins-Menschen: Menschen, die für ihren Selbstwert Leistungen erbringen wollen und müssen, und solche, deren Selbstwert von anerkannten Leistungen durch andere Menschen relativ unberührt bleibt. Der amerikanische Psychotherapeut Nathaniel Branden unterscheidet zwei weitere wesentliche Aspekte des Selbstwertgefühls, die allerdings bei näherer Betrachtung der von Fromm und Birkenbihl sehr ähnlich sind: dem Gefühl der Selbstachtung und der Selbstwirksamkeit. Die Selbstachtung ist die Liebe, die ich mir selbst gegenüber empfinden kann. Hohe Selbstachtung führt dazu, dass Menschen sich um sich und ihre Bedürfnisse kümmern, auf sich Acht geben und der Überzeugung sind, grundsätzlich ein gewisses Maß an Glück zu verdienen. Die Selbstwirksamkeit ist der Glaube an die eigenen Handlungen. Die Überzeugung, Ziele erreichen zu können, den Umständen nicht ohnmächtig ausgeliefert zu sein, sondern selbst wirksam sein Leben in die Hand nehmen zu können.

Sehr plastisch schildert Nathaniel Branden in seinem Buch „Die 6 Säulen des Selbstwertgefühls“ das Gesicht des Selbstwertgefühls wie folgt:

„Das Selbstwertgefühl kommt in der Mimik, in der Gestik, in der Art, wie wir sprechen und uns bewegen, zum Ausdruck – in Ausdrucksweisen, die die Freude am eigenen Lebendigsein verdeutlichen. Es kommt zum Ausdruck in der Leichtigkeit, mit der jemand direkt und ehrlich über seine Leistungen und Schwächen sprechen kann, der ein ‚freundschaftliches Verhältnis‘ zu den Tatsachen hat. Es kommt zum Ausdruck in der wohltuenden Selbstverständlichkeit, mit der Komplimente gemacht und angenommen sowie Zuneigung, Wertschätzung und Ähnliches geäußert werden können. Es kommt zum Ausdruck in einer Offenheit für Kritik und in der Unbeschwertheit, mit der Fehler eingestanden werden, da das eigene Selbstwertgefühl nicht an ein Image des ‚Peferktseins' geknüpft ist. Es kommt zum Ausdruck in der Harmonie zwischen dem, was man sagt und wie man aussieht, klingt und sich bewegt. Es kommt zum Ausdruck in einer aufgeschlossenen und neugierigen Haltung gegenüber neuen Ideen, neuen Erfahrungen, neuen Möglichkeiten im Leben. Es kommt zum Ausdruck in der Tatsache, dass Gefühle der Angst oder Unsicherheit, wenn sie auftreten, eher selten als einschüchternd oder überwältigend empfunden werden, da es nur selten als unmöglich empfunden wird, sie anzunehmen, zu bewältigen und darüber hinauszuwachsen. Es kommt zum Ausdruck in der Fähigkeit, die humoristischen Aspekte des Lebens bei sich selbst und bei anderen zu genießen. Es kommt zum Ausdruck in der Flexibilität, mit der man auf Situationen und Herausforderungen reagiert, da man auf den eigenen Verstand vertraut und das Leben nicht als eine einzige Katastrophe und Niederlage betrachtet. Es kommt zum Ausdruck in der Selbstverständlichkeit, mit der man sich selbstbewusst (nicht aggressiv) anderen gegenüber behauptet und verhält. Es kommt zum Ausdruck in der Fähigkeit, auch unter Stressbedingungen Ausgeglichenheit und Würde zu bewahren. Und rein äußerlich können wir am Körperausdruck etwa Folgendes beobachten: Wir sehen Augen, die aufgeweckt, strahlend und lebhaft sind; ein Gesicht, das entspannt ist und (jenseits von Krankheiten) eine natürliche Farbe und eine gesunde Beschaffenheit der Haut erkennen lässt; ein

Kinn, das natürlich und in Einklang mit dem übrigen Körper gehalten wird; und eine entspannte Mundpartie. Wir sehen Schultern, die entspannt sind, aber dennoch gerade gehalten werden; Hände, die in der Regel entspannt und anmutig sind; Arme, die in der Regel bequem und natürlich herunterhängen; eine Haltung, die aufrecht, ausgeglichen und nicht verspannt ist; einen Gang, der in der Regel zielstrebig ist (ohne aggressiv und arrogant zu sein). Wir hören eine Stimme, die sich mit ihrer Lautstärke und Eindringlichkeit der jeweiligen Situation anpasst und sich durch eine klare Aussprache auszeichnet. Sie sehen, dass das Thema Entspannung immer wieder auftaucht. Entspanntsein bedingt, dass wir uns nicht vor uns selbst verstecken und in Frieden leben mit dem, wer wir sind. Eine chronische Anspannung vermittelt die Botschaft, dass im Innern etwas gespalten ist, dass das Selbst in irgendeiner Form gemieden oder abgelehnt wird, dass man mit einem Teil des Selbst nichts zu tun haben will oder ein Teil des Selbst an einer sehr kurzen Leine gehalten wird."

Wenn wir mit jemandem sprechen, dann sprechen wir auch immer sein Selbstwertgefühl an. Unser Gesprächspartner wird bewusst und unbewusst ständig auf der Hut sein, ob wir sein Selbstwertgefühl angreifen oder nicht. Möchten wir sowohl hart und herzlich kommunizieren können, dann müssen wir lernen, in der Sache zwar hart zu sein, aber das Selbstwertgefühl des ande-

ren dabei nicht anzugreifen. Genauer werde ich im Kapitel „Nein sagen und Grenzen ziehen“ (Seite 140) darauf eingehen.
Hier möchte ich vielmehr das Ziel bearbeiten, eine gewisse Entspanntheit zu erreichen, damit sich unser eigenes Selbstwertgefühl nicht ständig übermäßig bedroht fühlt. Diese Entspanntheit möchte ich hier Gelassenheit nennen.

Was ist die Gelassenheit?

Im Wort „Gelassenheit“ ist das darin enthaltene Lassen sehr wichtig. Tatsächlich geht es bei der Gelassenheit primär darum, etwas stehen zu lassen, loszulassen, sein zu lassen oder einfach nur vorbeigehen zu lassen. Eine Kollegin sagte mir einmal: „Wirklich gelassen ist man dann, wenn man es schafft, nichts zu sagen, auch wenn man eindeutig missverstanden wurde!“. Das halte ich für eine geniale Übung! Wenn Sie immer auf alles eingehen, dann werden Sie ständig Ihre Mitte verlieren. Der andere hetzt Sie ständig von Reaktion zu Reaktion. Sie kommen gar nicht mehr dazu, wirklich nachzudenken. Ein weiterer Gedanke in Richtung Gelassenheit ist die Definition von wahrer Freiheit als Fehlen eines schlechten Gewissens. Dieses schlechte Gewissen, das vor allem dann auftritt, wenn wir mit etwas in uns nicht im Reinen sind, führt oft zu sehr destruktiven Verhaltensweisen. Um Ihrem schlechten Gewissen auf die Schliche zu kommen und es eventuell sogar gänzlich loslassen zu können, denken Sie einmal folgende Fragen durch:

- Wem muss ich denn eigentlich beweisen, dass ich Recht habe? Und warum?
- Was verliere ich, wenn ich hier nicht wirklich verstanden werde?
- Wozu brauche ich das Verständnis des Gegenübers?
- Wieso muss ich mich rechtfertigen?
- Muss ich darauf wirklich eingehen?
- Wieso habe ich eigentlich ein schlechtes Gewissen? Könnte ich nicht einfach zu mir stehen und mir selbst vergeben?
- Warum brauche ich einen Richter? Bin ich nicht mein eigener?

Hängt das Selbstwertgefühl eines Menschen sehr stark von der Anerkennung von außen ab – möchte jemand also ständig gelobt und verstanden werden – begibt er sich in Abhängigkeit. Für diese Person wird es sehr schwer sein, sich selbst treu zu bleiben und zu ihren Bedürfnissen zu stehen, wenn Widerstand droht. Da die Anerkennung von außen wichtiger ist als das innere Gefühl der Zufriedenheit mit sich selbst, bittet diese Person beim Kommunizieren unbewusst um Anerkennung.

Diese Vielredner haben meistens das Bedürfnis, sich sehr genau verständlich zu machen, und übersehen dabei leider, dass ihnen niemand wirklich zuhört. Sie reden und reden, aber sie schaffen es nicht zu artikulieren, worum es eigentlich geht, und – noch fataler – sie verlieren den Gesprächspartner, weil sie ihm nicht mehr zuhören und auf das eingehen können, was der andere denkt und fühlt. Sie führen keinen Dialog mehr, in dem man sich gemeinsam schrittweise um Verständnis bemüht. Sie halten ausschließlich Monologe.

Nach vielen Jahren als Kommunikationstrainer kann ich sagen, dass wahres Verständnis durch direkte Kommunikation (Gespräch) wirklich schwer zu erreichen ist. Zu viele Faktoren können die Interaktion stören: Unterschiedliche Erfahrungen, Vorurteile, Perspektiven, Definitionen, Emotionen usw. stören ständig das Erreichen eines gemeinsamen Verständnisses. Sie werden eher beobachten, dass Sie mit jemandem schwingen (im Einklang sind) oder eben nicht. Sind sich beide Gesprächspartner grundsätzlich zugetan und haben sie die Bereitschaft sich zu einigen, dann wird diese positive Schwingung zu mehr Verständnis führen. Paul Watzlawicks Axiom „Man kann nicht nicht kommunizieren" sagt noch nichts über die Qualität der Kommunikation aus. Natürlich kommunizieren wir immer, aber das heißt noch lange nicht, dass diese Kommunikation sinnvoll ist. „Reden ist Silber, Schweigen ist Gold", sagt der Volksmund. Ich würde noch ergänzen: Zuhören und Fragen sind die wahren Schätze der Kommunikation. Nur wenn

Sie lernen, wirklich interessiert zuzuhören, und den Mut haben, so lange nachzufragen, bis Sie den Eindruck haben, Ihr Gegenüber wirklich verstanden zu haben, können wir von einer wahrhaftigen und sinnvollen Kommunikation sprechen.
Üben Sie sich auch darin, Aussagen stehen zu lassen. Nicht jede Aussage verdient eine Reaktion! Machen Sie Pausen nach Fragen oder zum Überlegen und lernen Sie, die Stille auszuhalten. Das ist gar nicht so schwer wie es klingt, weil Sie es einfach nur tun müssen.
Zur Vereinfachung biete ich Ihnen ein paar Formulierungen an, die Sie verwenden können, wenn Sie das Schweigen gar nicht aushalten: „Über diese Aussage möchte ich erst nachdenken, bevor ich reagiere" – „Wie lange habe ich Zeit für eine Antwort?" – „Bitte akzeptieren Sie, dass ich mir meine Reaktion auf Ihre Aussage überlegen muss."
Eine weitere Methode, um Zeit zu gewinnen, wieder in die eigene Mitte zu kommen, ist das Gehörte zunächst einmal zusammenzufassen und nachzufragen, ob Sie Ihren Gesprächspartner auch richtig verstanden haben: „Bevor ich meine Meinung sage, möchte ich erst sicher gehen, dass ich Sie richtig verstanden habe. Wollten Sie mir sagen, dass …?"
Wahre Gelassenheit ist auch ein körperlicher Zustand. Wir sehen Menschen an, ob Sie gelassen durchs Leben gehen oder gehetzt sind: die Farbe des Gesichts, die

Geschwindigkeit der Atmung und der Gesten, Wechsel der Sitz- beziehungsweise Stehhaltung usw.
Um gelassen zu werden, müssen Sie sich zentrieren können. Das bedeutet, Sie müssen wissen, wo Ihr Schwerpunkt im Körper liegt, um ihn halten zu können. Eine gute Körper-Haltung gibt Ihnen dann Halt, wenn Sie ihn brauchen.

Hierzu zwei Körperübungen:

- Setzen Sie sich auf einen Sessel. Richten Sie sich nun so auf, dass Sie die Wirbelsäule gerade nach oben ziehen und dabei das Brustbein Richtung Decke heben. Achten Sie darauf, dass Sie den Kopf gerade halten und keinesfalls die Schultern anspannen oder den Kopf nach hinten kippen lassen. Stellen Sie die Füße fest auf den Boden und lehnen Sie sich nirgends an (weder die Arme noch den Rücken). Versuchen Sie die Aufrichtigkeit, Erdung und Sicherheit in dieser Haltung zu spüren und verharren Sie einige Atemzüge in dieser. Mit der Zeit werden Sie sich an die Haltung gewöhnen. Aber Achtung: Verwechseln Sie nicht angenehm mit gut. Diese Haltung ist zumindest am Beginn nicht angenehm, aber Sie ist gut für Ihren Körper und Ihre innere Ruhe.
- Setzen oder stellen Sie sich aufrecht hin atmen Sie immer wieder lange und ruhig, aber dennoch intensiv genug aus, so als wollten Sie eine Kerze auslöschen.

Nach einigen Atemzügen stellen Sie sich vor, mit dem Verlöschen der Kerze sei auch das Feuer Ihrer Erregung ausgegangen. In Momenten des Stresses sollten Sie sich immer auf eine lange und ruhige Ausatmung konzentrieren. Also nicht, wie oft kolportiert wurde, ein paar Mal tief ein- und ausatmen. Das pumpt nur mehr Energie in Ihren Körper, der sowieso schon geladen ist.

Die optimale und seit Jahrtausenden weiter entwickelte Strategie zur Gelassenheit ist Yoga. Im Yoga lernen Sie unterschiedlichste Aspekte Ihrer Persönlichkeit in einen harmonischen Einklang zu bringen: Ihre Muskeln, die Haltung, die Körperspannung, den Atem, ihre Gedanken usw. Unser Geist ist unruhig und ständig dabei, von einem Punkt zum anderen zu wandern oder auf irgendetwas zu reagieren. In der Meditation können Sie lernen, sich zu fokussieren – auf eine Sache zu konzentrieren, ohne dass Ihr Geist ständig unruhig und sinnlos, weil unkonzentriert, herumgeistert. Ich belasse meine Begeisterung für Yoga und dessen Wirkung bei diesen Zeilen, kann Ihnen aber nur raten, sich darauf einzulassen. Auch asiatische Kampfsportarten (insbesondere Aikido) trainieren Zentrierung und Gelassenheit.

Reden ist Silber …

Impulsreaktionen

Stell dir vor, es ist Krieg, und keiner geht hin.
Christian Morgenstern

In Ihrem Alltag sind Sie ständig auch negativen Impulsen ausgesetzt. Unter Impulsen verstehe ich Einwirkungen von außen: Gegenstatements, persönliche Angriffe, unangenehme Verhaltensweisen anderer wie arrogante Blicke; oder störende Settings wie Lärm, schlechtes Licht, unangenehme Stühle, Zeitdruck etc.
Die Buddhisten sagen, dass zwischen dem Impuls von außen und der darauf folgenden Reaktion ein kleines Stückchen Freiheit liegt. Nämlich die Freiheit, Ihre Reaktion oder Nicht-Reaktion zu überlegen.
Ein Beispiel: Ich habe, seit ich denken kann, eine völlig irrationale Angst vor Spinnen. Selbstverständlich weiß ich, dass die Spinnen in unseren Breiten keine wirkliche Gefahr darstellen, dass sie nützliche, ja vielleicht sogar schöne Tiere sind (Schönheit liegt bekanntlich im Auge des Betrachters) und wohl mehr Angst vor mir haben – was durchaus berechtigt ist. In einem Seminar hörte ich von der oben beschriebenen buddhistischen Weisheit. Nicht die Spinne macht mir Angst, sondern meine Reaktion auf die Spinne macht sie für mich zur Gefahr. Ich mache sie zur Bedrohung.
Als ich eines Morgens während eines mehrtägigen Seminars in die Dusche stieg, dafür selbstverständlich meine Brille abnahm und hinter mir die Duschtür

schloss, geschah etwas, vor dem sich jeder Arachnophobiker zu Tode ängstigt: Eine Spinne fiel, während ich duschte, in die Kabine. Sie „versperrte" mir den Weg hinaus und ich war gefangen mit ihr auf engstem Raum. Da ich ohne Brille nicht sehr viel erkennen konnte, war es mir unmöglich, die Größe der Spinne einzuschätzen. In meiner Vorstellung war sie natürlich riesig, kampf- und bissbereit. In diesen wenigen Augenblicken aber besann ich mich – auch weil ich keine andere Wahl gehabt hätte –, mir selbst zu helfen, und blieb ganz ruhig. Ich schob die Angst beiseite, öffnete die Tür, stieg über die Spinne und verließ die Dusche. Draußen kam erst meine Reaktion: ekelgebeuteltes Abschütteln der imaginären Spinnen auf meinem Körper. Als ich die Brille wieder aufsetzte, sah ich, dass es sich nicht um eine Spinne gehandelt hat, sondern lediglich um ein Blatt, das offensichtlich ins Bad geweht wurde.

Was will ich mit meiner Geschichte illustrieren?

Ihre Reaktion auf die Impulse von außen erschaffen erst die negativen Auswirkungen! Stellen Sie sich vor, Sie könnten auf eine persönliche Beleidigung gelassen und mit einem äußeren wie inneren Lächeln reagieren. Handelte es sich dann immer noch um einen persönlichen Angriff? Nein! Es bliebe beim Versuch. Stellen Sie sich vor, Sie hätten unheimlich viel Druck von außen und könnten dennoch ruhig und konzentriert weiter arbeiten. Die einzige Möglichkeit nämlich, wie Sie die Arbeit auch wirklich erledigen können! Hysterisches Hetzen hat noch selten gute Ergebnisse gebracht.

In Ihrem Alltag sind Sie vielen solchen Impulsen ausgeliefert. Werden Sie sich bewusst darüber, dass Sie nicht jedem Impuls Aufmerksamkeit zollen müssen. „Energy flows where attention goes!“ – Energie fließt dort, wo die Aufmerksamkeit hingeht. Wenn Sie ständig dem größten Störenfried, dem ewigen Querulanten, dem absoluten Miesmacher jede Aufmerksamkeit schenken, dann wird dorthin Ihre gesamte Energie fließen. Er wird das bekommen, was er bewusst oder unbewusst haben wollte, nämlich Aufmerksamkeit. Kontrollieren Sie in Besprechungen in Zukunft ständig, ob Ihre Aufmerksamkeit dort ist, wo sie hingehört. Sie sollte bei den vereinbarten Themen bleiben und bei den Lösungswegen zu den vereinbarten Zielen. Nirgendwo anders. Destruktive Gesprächspartner werden so ins Leere rennen. Natürlich ist das nicht besonders leicht, schließlich wird unsere Aufmerksamkeit geradezu magisch von Störungen angezogen – ein Atavismus, der uns lehrt, das Rascheln im Gebüsch sehr schnell in Gefahr oder Nicht-Gefahr einzuteilen, um noch rechtzeitig entkommen zu können. Wenn Sie mit jemandem sprechen, der noch ein Stückchen Schnittlauch zwischen den Zähnen hat, werden Sie dieser Störung zumindest kurzfristig mehr Aufmerksamkeit schenken als dem Gesagten. Ein weiteres Beispiel: Sie präsentieren Ihren Standpunkt vor Kollegen und der Einzige, der ständig gelangweilt den Kopf schüttelt, hat Ihre volle Aufmerksamkeit.

Was tun?

Hätte ich die vermeintliche Spinne in der Duschkabine zuerst genauer betrachtet, bevor das übliche, phobische Panikprogramm angeschaltet wurde, hätte ich keinen Grund für all den Stress gehabt. Tun Sie das auch! Schauen Sie sich den Impuls zunächst einmal an, bevor Sie reagieren, und fragen Sie sich, ob dieser tatsächlich Ihren Interpretationen entspricht. Schüttelt der Gesprächspartner vielleicht gelangweilt den Kopf, weil er mit ganz anderen Dingen beschäftigt ist? Nehmen Sie nicht jedes Verhalten des anderen sofort als das, was Sie hinein interpretieren. Überprüfen Sie zuerst, ob es sich überhaupt um einen vermeintlich negativen Impuls handelt. Das können Sie durchaus explizit machen, indem Sie den Impulsgeber darauf ansprechen: Langweile ich Sie? Ist das gerade ein persönlicher Angriff? Wollen Sie mich jetzt aus der Konzentration bringen? Usw.

Aber Achtung! Diese Überprüfung ist natürlich auch eine Aufmerksamkeit, die Sie investieren. Oftmals ist es besser, eine Reaktion zu verschieben.

Bedenken Sie, dass eine wahrgenommene Emotion beim Gegenüber noch keinen Hinweis darauf gibt, woher sie kommt. Wenn Sie jemandem mit gereiztem Gesichtsausdruck begegnen, wissen Sie nur, dass er schlecht gelaunt ist. Wieso, wissen Sie nicht. Je nach Gefühl oder Stimmung, in der Sie sich befinden, werden Sie diese Emotion des anderen aber interpretieren. Haben Sie selbst schlechte Laune und fühlen Sie sich unsicher, werden Sie vielleicht sich selbst als Grund für seine schlechte Stimmung ansehen. Der US-amerikanische Anthropologe und Psychologe Paul Ekman spricht in diesem Zusammenhang von *Impulse-Awareness*. Damit meint er, dass wir uns selbst sehr genau beobachten sollten, wenn Impulse auf uns einwirken. Diese Aufmerksamkeit kann Ihnen helfen die schnellen Reaktionen, die wir üblicherweise auf Impulse setzen, zu verlangsamen, um ein klein wenig Selbstbestimmtheit zurückzugewinnen.

Reaktionsmöglichkeiten

Hierzu brauchen Sie dann Techniken, die Ihre (zu) schnelle Reaktion verlangsamen. Folgende Reaktionstechniken kann ich Ihnen anbieten: Fragen, Paraphrasen, Meta-Kommentar, Klarstellung und Ignoranz.
Fragen könnten wie folgt lauten:

- Wieso sagen Sie das an dieser Stelle?
- Halten Sie diesen Input jetzt für zielführend?
- Darf ich Ihnen die Antwort im Anschluss an meine Ausführungen geben?

- Was bezwecken Sie nun mit Ihrem Verhalten?
- Halten Sie Ihr Verhalten für kollegial, konstruktiv, zielführend?

Paraphrasieren bedeutet, Sie formulieren den Impuls in eigene Worte um und zwar derart, dass der Impuls weniger destruktiv wird.

Beispiele zu Impuls und Paraphrase

– Das ist ja ein Blödsinn!
– Sie sind also anderer Meinung.

– Jaja. Das habe ich schon oft gehört.
– Sie sagen also, dass nicht nur ich so denke.

– Wieso soll ich Ihnen das glauben?
– Sie sind also noch nicht überzeugt von meinem Standpunkt.

– Das ist doch ganz anders.
– Sie bringen hier also die andere Seite ins Spiel.

– Das halte ich für nicht überzeugend.
– Ich soll Ihnen also noch weitere Erklärungen für meinen Standpunkt liefern.

Manchmal werden Sie weder fragen noch paraphrasieren können, sondern sehr hart agieren müssen.

Dazu möchte ich Ihnen zwei weitere Techniken vorstellen: den *Meta-Kommentar* und die *Klarstellung*.

Der Meta-Kommentar

Meta bedeutet „darüber". Das bedeutet, Sie betrachten die Situation „von oben" und bewerten, was Sie sehen. Beispiel: „Ich finde Ihre Einwürfe zu diesem Zeitpunkt völlig kontrakproduktiv!" – „Was Sie hier machen, ist nichts anderes als zu versuchen, mich aus dem Konzept zu bringen!" – „Sie machen nichts anderes als die bestehenden Vorschläge schlecht – ohne einen einzigen selbst zu bringen!"

Die Klarstellung

Die Klarstellung ist eine gewisse Grenze, die Sie ziehen. Sie stellen klar, was geht und was nicht geht:
„Darauf gehe ich jetzt nicht ein." – „Das ist ein Verhalten, das ich nicht mit einer Reaktion auch noch adle." – „So nicht!".
Wichtig ist, dass Sie die Klarstellung kurz und bündig machen. Am besten, Sie leiten Sie mit einem „Tatsache ist …" ein, damit klar wird, dass es sich hier nicht um eine verhandelbare Sache dreht: „Tatsache ist, so geht das nicht." – „Tatsache ist: Das ist nicht kollegial."
Wenn Sie die Klarstellung nämlich lange und ausführlich begründen, dann klingt sie sehr schnell nach einer Rechtfertigung.

Einen weiteren Kunstgriff, der im Grunde eine Klarstellung ist, habe ich von meiner Mutter gelernt. Wenn wir zu Hause in einem Ton mit unserer Mutter geredet haben, der ihr nicht gefiel, dann sagte sie: „Auf dieser Frequenz bin ich taub!“ Das bedeutete, dass wir uns zuerst einmal zusammenreißen und um Höflichkeit bemühen mussten – das war die Anzahlung auf eine Reaktion. So einfach wie genial!

Ignoranz

Manchmal aber ist jede Reaktion nur eine Aufwertung des Impulses. Denken Sie an meine Mutter: Wenn Sie auf jeden Tonfall reagieren, dann ist die Gesprächskultur sehr schnell zerstört.

Sie können ein Gespräch auch mit einem Tennis-Match vergleichen: Wenn einer der Spieler die Regeln missachtet oder seinen Ball ins Aus schießt, dann bleibt der andere stehen und schreit: „Out!“ – das bedeutet nichts anderes, als dass der Gegenspieler nochmals einen Ball liefern soll, aber diesmal bitte nach den Spielregeln.

Andere, störende Impulse wie Lärm, unbequeme Sitzplätze, schlechtes Licht etc. sollten Sie ganze einfach zum Thema machen und gemeinsam an einer Lösung arbeiten.

Gemeinsam denken, entscheiden und funktionieren

Dialog, Diskussion und Konflikt

Dialogfähigkeit

Viele Menschen verbringen ihren beruflichen Alltag (und wohl auch einen großen Teil ihrer Freizeit) mit Kommunikation. Und gerade da passieren auch die meisten Fehler, die fatale Folgen haben können. „Wer nicht miteinander reden kann, kann auch nicht miteinander arbeiten", sagt der Leiter der Beratungsfirma Dialogos in Boston William Isaacs in seinem Buch „Dialog als Kunst gemeinsam zu denken". Besser ist die Bedeutung des Gesprächs nicht auf den Punkt zu bringen.

Meiner Meinung nach ist es an der Zeit, der Organisation der Kommunikation in Unternehmen mehr Aufmerksamkeit zu schenken. Ich möchte hierzu drei Aufgaben definieren, die wir mittels direkter Gespräche zu lösen haben und für die wir auch entsprechende Rahmenbedingungen schaffen müssen.

Die erste Aufgabe ist es zu lernen, miteinander nachzudenken – das bezeichnet William Isaacs als Dialog. Meiner Beobachtung nach werden Dialoge sehr selten geführt. Sehr schnell bilden sich Menschen eine Meinung zum Thema und tun in Folge nichts anderes mehr, als diese zu verteidigen. Das bedeutet Verteidigung, ohne den eigenen Standpunkt aufgrund der Inputs der anderen Gesprächsteilnehmer zu hinterfragen, verhindert ein gemeinsames Erforschen der Thematik aus verschiedenen Blickwinkeln und verengt somit unsere Wahrnehmung. Meinungen vereinfachen zwar die Komplexität, aber wir unterliegen hier einem Trugschluss: Nur, weil wir uns die Welt vereinfachen, wird sie nicht weniger komplex. Jedes Thema hat viele Unter-Themen, Berührungspunkte zu anderen Bereichen und diese stehen in ständiger Wechselwirkung zueinander. Die voreilige Meinungsbildung in Gesprächen führt dazu, dass viele der Gesprächsteilnehmer nicht mehr zuhören. Während der andere spricht, wird vielmehr überlegt, wie der eigene Standpunkt zu verteidigen ist oder was man zusätzlich noch vorbringen möchte – meist sogar ein völlig anderes Thema betreffend.

Was sind die Gründe für fehlende Dialoge?

Ich halte es für wichtig, die Rahmenbedingungen für einen Dialog so zu gestalten, dass sich jeder Denker frei und geschützt fühlt. Offenheit entsteht nur dann, wenn keine Angst herrscht. Zum Beispiel davor, dumm dazustehen. Wer denkt, hat noch nicht entschieden! Bis alle Ideen und Perspektiven zu einem Thema auf dem Tisch sind, sollten sie weder kritisiert noch als Selbstzweck verteidigt werden. Einen Koch kritisieren wir auch nicht für ein unfertiges Mahl! Im Prozess des Denkens sollte alles erlaubt sein: unrealistische Annahmen, überzogene Konsequenzen, „dumme" Fragen, provokante Thesen usw. Dazu braucht es gewisse Regeln, die wie folgt lauten können:

Die Gesprächspartner bringen keine Meinungen vor, sondern nur Thesen, Annahmen und Ideen.
Der Unterschied zwischen einer Meinung und Thesen, Ideen beziehungsweise Annahmen liegt darin, dass eine These eine Art Behauptung ist, die in den Raum gestellt wird, ohne dass sie noch konkret argumentiert werden muss. Die These kann dann gemeinsam überprüft (Was spricht dafür? Was dagegen?) und sehr schnell wieder verworfen werden.

Die Thesen werden nur verteidigt, solange damit neue Erkenntnisse und Erklärungen verbunden sind, von denen der Dialog profitiert.
Eine vorgebrachte These wird verteidigt, um deren Qualität zu überprüfen – nicht damit derjenige, der sie vorbrachte, Recht bekommt. Merken die Dialogpartner, dass die These zum Standpunkt wurde, sollte sie zur Seite gelegt werden, um einer neuen These Platz zu machen. Damit können sich die Gesprächspartner wieder auf anderes einstellen und lernen weiter. Erst, wenn der Dialograum geschlossen wird, werden die verifizierten Thesen nun wieder aus der Schublade geholt und eine Diskussion eröffnet, welche Meinung nun die richtige ist.

Jeder darf alles vorbringen – ungeachtet seiner Kompetenz und seiner Position.
Sehr oft werden wichtige Wissensquellen nicht angezapft. Die Gründe liegen darin, dass manchen Teilneh-

mern quasi ein Maulkorb umgehängt wird mit folgenden Begründungen: „Sie haben hier zu wenig Erfahrung!" – „Das betrifft nicht Ihren Bereich!" – „Sie müssen ja nicht mit den Konsequenzen leben!" usw. Aber gerade Menschen, die nicht durch Erfahrungen betriebsblind wurden, weil sie den Wald vor lauter Bäumen noch sehen, können durch ihre Distanz zur Thematik sehr wertvolle Beiträge leisten. Selbstverständlich sind Kompetenz und Erfahrung wichtig. Aber nicht im Dialog! Erfahrungen helfen wiederum bei der Auswahl von Möglichkeiten.

Man spricht weniger GEGEN etwas als vielmehr FÜR etwas.
Natürlich kann die Überprüfung einer These auch dadurch erfolgen, dass man Argumente und Überlegungen gegen sie trifft. Dennoch sollte der Fokus mehr darauf liegen, sich auf sie einzulassen. Ist die Aufmerksamkeit eher bei den Gegen-Argumenten, wird die These vielleicht zu schnell verworfen.
Zu den Rahmenbedingungen, um die sich die Moderation kümmern muss, gibt es auch ein paar Einstellungen und Fähigkeiten, die jeder einzelne mitbringen sollte. Für einen Dialog sind folgende Fertigkeiten wichtig:

Mut zur Offenheit
Mut bedeutet immer, dass man bereit ist, eine Verletzung in Kauf zu nehmen. Diese Verletzungen sind oft auf unser

Selbstwertgefühl gerichtet: „Wenn ich etwas Dummes sage, dann blamiere ich mich!" In einem Dialog sollte die Anerkennung der anderen nicht wichtig sein oder nur darauf abzielen, dass überhaupt Beiträge zur Thematik gemacht werden. Jeder Beitrag – egal von welcher Qualität – kann nämlich andere wiederum zu neuen Gedanken anregen. Und genau das ist mit der Beschreibung „miteinander nachdenken" gemeint: man inspiriert sich gegenseitig und entdeckt damit völlig neue Aspekte eines Themas. Diese Offenheit wird in Unternehmen sehr oft kulturell beschädigt: Wenn es keine Fehlerkultur gibt, die davon ausgeht, dass jeder „Fehler" eine Lernmöglichkeit bietet, sondern nur die eigene Position beschädigt, dann werden die Menschen vorsichtig. Und Vorsicht ist eine Gegenbewegung zu Mut!

Die Fähigkeit, seine eigene Wahrnehmung, Interpretation und Meinung zu hinterfragen.
Unsere Wahrnehmung springt primär auf Negatives an: Störungen, Widersprüche, Provokationen, Gegenmeinungen etc. Mit der Wahrnehmung ist immer sofort auch eine Bewertung verbunden. Bildlich gesprochen schubladisiert die Bewertung sofort unsere Wahrnehmungen. Für einen Dialog müssen wir die Schubladen, die jeder hat, aber offen halten! Ist eine Wahrnehmung einmal ad acta gelegt, werden wir keinen Versuch auslassen, sie dort zu vergessen. Wir interpretieren dann

jede weitere Information im Sinne der ersten Bewertung. Das verengt unsere Wahrnehmung für Neues! Aber genau darum geht es im Dialog: Neues zu entdecken oder im Alten neue Aspekte zu finden.

Die Bereitschaft, seine eigene Meinung zu ändern oder diese zumindest kurzfristig auszusetzen, um den Dialog wieder fließen zu lassen.
Gerade Führungskräfte glauben sehr oft, sie müssen schnell sein. Das mag auch stimmen, in einem Dialog aber ist gerade das hinderlich. Zeit wird vielmehr damit gespart, Fehler zu vermeiden – also das Richtige zu tun! Im Sinne eines Zeitmanagements kann man die Dialogphase an sich zeitlich budgetieren. Wird Nachdenken mit Entscheiden verwechselt, dann werden nicht alle Potenziale der Beteiligten ausgeschöpft. Erst wer gründlich nachgedacht hat, sollte entscheiden! Deswegen ist es im Dialog sehr wichtig, eigene Entscheidungen (gebildete Meinungen) immer wieder wegzulegen und sich auf neue Thesen einzulassen.

Die Fähigkeit, seine innere Stimme zu artikulieren.
Die Artikulationsfähigkeit braucht Aufmerksamkeit und Mut, die eigene Stimme zu spüren und zwar immer, egal ob diese nun von Fakten oder Gefühlen getragen ist. Die Unterscheidung zwischen sogenannter Sachlichkeit und Gefühlen halte ich für veraltet. Natürlich gibt es beweis-

bare Fakten und nicht nachweisbare Gefühle. Dennoch entstehen Gefühle im Gehirn (und nicht im Herz oder im Bauch) und sind für denjenigen, der sie empfindet, sehr klare Fakten.
Den Mut aufzubringen, diese Gefühle den anderen als Anregungen anzubieten, ist ein wichtiges Element des Dialogs. Aber nur wer vollkommen präsent in einer Gesprächssituation ist, wird seine eigene Stimme überhaupt hören. Nur dann, wenn wir uns selbst auch Aufmerksamkeit schenken und nicht nur den Einwänden der Gesprächspartner sowie der Suche nach unseren Reaktionen auf diese Einwände, wird die innere Stimme so laut, dass wir sie hören und artikulieren können. Dazu brauchen wir Zeit und Stille. Es mag komisch klingen – und viele Menschen halten Stille in einem Gespräch keine drei Sekunden aus –, aber gerade die Stille, also die Zuwendung zu den eigenen Wahrnehmungen während eines Gesprächs, macht uns fähig, diese innere Stimme zu hören.

Diskussionsfähigkeit

Die Diskussion ist nach dem Dialog, in dem wir miteinander nachdenken, die Phase des miteinander Entscheidens. Im optimalen Fall hat der Dialog viele Optionen, neue Erkenntnisse und zusätzliche Aspekte eines Themas zum Vorschein gebracht. Da wir aber auch entscheiden und handeln müssen, gilt es nun, eine Auswahl zu treffen.

Für diese Auswahl ist nun Folgendes wichtig:

Was ist das Ziel, das mit der Entscheidung erreicht werden soll?

In Diskussionen wird das Ziel oft von persönlichen Befangenheiten überlagert. Man verliert das Ziel aus dem Auge, weil am Weg zu viele Steinchen liegen. Dieser „operative Blick" auf Hindernisse, Widersprüche, Komplexitäten etc. verhindert den strategisch wichtigen Blick auf das, was wir eigentlich möchten. Deswegen ist es für die Diskussionsphase von entscheidender Bedeutung, das Ziel nochmals klar zu definieren. Ent-scheiden bedeutet, Dinge voneinander zu scheiden. Man muss das weglegen, was nicht zum Ziel führt.

Nach welchen Kriterien werden wir auswählen?

War es im Dialog noch möglich, frei von äußeren Zwängen wie Budgets, Zeitlimits oder Realisierbarkeiten nachzudenken, sind wir natürlich in der Praxis gerade mit diesen Kriterien konfrontiert und müssen sie bei der Auswahl der Möglichkeiten auch berücksichtigen. Die einzelnen Spezifikationen sollten allerdings vor der Diskussion definiert werden. Werden bestimmte Attribute zu spät eingeführt, werden unnötig viele neue Kreise eröffnet. Sachliche Auswahlmethoden werden dann politisch missbraucht, um die eigene Position zu begünstigen. Somit sollte die Diskussion zunächst das Ziel klären und dann die Kriterien.

Die Analyse der vorhandenen Optionen

Nachdem im Dialog über das Thema nachgedacht wurde, in der Diskussion ein Ziel und Kriterien festgelegt wurden, werden nun alle Erkenntnisse in der Diskussion danach analysiert, welche am ehesten dem Ziel und den Kriterien entspricht.

Wie Standpunkte analysiert werden können, erläutere ich noch sehr ausführlich unter dem Titel: „Analytisches Zuhören" (Seite 108).

Konfliktfähigkeit

Besonders bei meinen Ausführungen zur Diskussion wird sich so mancher Leser denken, dass meine Thesen zwar einfach klingen, aber in der Praxis wohl nicht so leicht umsetzbar sein werden. Auch führt eine Analyse der Optionen hinsichtlich ihrer Zieltauglichkeit und Kriterienerfüllung nicht so einfach zu einer Lösung. Meistens sind doch mehrere Optionen möglich, und dann entstehen aufgrund unterschiedlicher Präferenzen der Gesprächsteilnehmer unvermeidlich Konflikte. Natürlich ist das so! Und das ist auch gut so.

Das Wort „Konflikt“ kommt von *confligere*, was so viel wie zusammengeraten bedeutet. Ich möchte an dieser Stelle noch die Aspekte der Unvereinbarkeit von Interessen und die Präsenz starker Emotionen betonen, um den Konflikt klar von der Diskussion abzugrenzen.
Wenn die Diskussion kein Ergebnis lieferte, entsteht eine Art Pattstellung. Dennoch müssen wir handlungsfähig bleiben. Im Folgenden zähle ich einige typische Verhaltensweisen auf, die auftreten, sobald Menschen in einen Konflikt geraten:

1. Das Bekämpfen des Gegners als Person
2. Das beharrliche Bekämpfen des gegnerischen Standpunkts mit verstärktem Druck
3. Die Flucht vor dem Gegner
4. Die Übertragung des Konfliktes auf andere Bereiche
5. Die Eskalation und die Delegation
6. Das Suchen eines Kompromisses
7. Das Erarbeiten eines Konsenses

Konflikte führen sehr oft zu starken Emotionen. Hier möchte ich auch auf das Kapitel „Emotionen in der Kommunikation“ (S. 40) verweisen. Einen weiteren Anknüpfungspunkt finden Sie im Kapitel „Grenzen ziehen und nein sagen“. Insbesondere Menschen, die gern vor Konflikten zurückschrecken, neigen dazu, keine Grenzen zu ziehen aus Angst vor negativen Konsequenzen (S. 140).

1. Das Bekämpfen des Gegners als Person

Hat die Diskussion im Sinn des Austauschs und der Analyse von Argumenten, im Erarbeiten gemeinsamer Entscheidungskriterien und der Auswahl des besten Standpunkts kein Ergebnis erzielt, empfinden wir das zumeist als Enttäuschung. Die Übertragung auf den Gegner in Form von Wut wird als Kampf gegen die Person angelegt: „Das ist wieder typisch für Sie!"; „Sie haben doch keine Ahnung!" usw. Durch die Disqualifizierung des Gegners soll dieser mitsamt seinen unangenehmen Meinungen aus dem Kampfring getrieben werden. Dass dieses Verhalten destruktiv ist, scheint klar. Was können die Beteiligten tun?

Der Angreifer muss zunächst darauf achten, keinen strategischen Fehler zu machen. Wenn wir strategisch kommunizieren, bedenken wir die Auswirkungen unserer Handlungen hinsichtlich längerfristiger Konsequenzen. Wird jemand derart angegriffen, kann das die Beziehung nachhaltig schädigen und andere destruktive Verhaltensweisen nach sich ziehen. Hier gilt, dass der „wahre Egoist" Kooperationsbereitschaft, Besonnenheit und das rechte Maß zeigt und einhält.

Der Angegriffene muss dieses Verhalten aufzeigen und gegebenenfalls Grenzen ziehen („Das ist ein persönlicher Angriff. So machen wir keine Fortschritte!") oder die Spielanlage verlassen – zumindest für so lange, bis der Angreifer wieder gewillt ist, sachlich zu diskutieren.

2. Das beharrliche Bekämpfen des gegnerischen Standpunkts mit verstärktem Druck

Druck erzeugt Gegendruck oder provoziert vom Angegriffenen eine Menge von destruktiven Gesprächstaktiken. Der Versuch, mit gleichem Verhalten ständig andere Resultate erzielen zu wollen, ist völlig aberwitzig und daher gänzlich sinnlos. Die Konfliktparteien müssen sich dessen bewusst sein und über dieses Verhalten miteinander sprechen. Obgleich der einzige Schluss dann natürlich wieder eine Pattstellung ist und noch nicht zu einer Lösung führen wird.

3. Die Flucht vor dem Gegner

Die Flucht kann kurzfristig gesehen sinnvoll sein, um Emotionen abklingen zu lassen. Da sich Wut aber sehr schnell wieder nähren kann, wenn das Thema nochmals zur Sprache kommt, und wir uns insbesondere in beruflichen Situationen weder unsere Kollegen noch unsere Aufgaben gänzlich frei auswählen können, ist auch dieses Verhalten destruktiv. Neigen Sie zum Fluchtverhalten, dann überlegen Sie sich einmal in einer Kosten-Nutzen-Aufstellung, was Ihnen jeweils die Flucht kostet, eine Konfrontation aber bringen könnte. Oft sehen diese Menschen die Chance in der Krise nicht. Das ursprünglich griechische Wort für Krise ist gleichbedeutend mit Wendung. Krisen hinterlassen oft Zustände neuer Qualitäten, die dann sehr positiv sein können. Ein passives

Abwarten, bis es kein Entkommen mehr gibt, verringert meistens die Handlungsmöglichkeiten. In der Praxis wird dann oft so lange zugewartet, bis es zum totalen Ausbruch kommt, der für den Gegner dann völlig überzogen und destruktiv wirkt. Also: Lernen Sie, sich Gegnern zu stellen. Sehen Sie die Chance, durch die Krise zu wachsen und zu lernen. Seien Sie zuversichtlich, dass Beziehungen nach Krisen oft besser sind als zuvor.

4. Die Übertragung des Konfliktes auf andere Bereiche

Dieses Verhalten ist eines der schlimmsten. Es resultiert oft aus Revanche-Gedanken oder blindem Zorn. Man fügt dem anderen Schaden zu und das auf vielen unterschiedlichen Ebenen: Bei Kollegen wird der Gegner schlecht gemacht, andere Standpunkte werden einfach deswegen abgelehnt, weil sie vom Gegner vorgebracht werden, und jede Gelegenheit wird genutzt, einen Sieg in einem anderen Kampf zu erringen. Sind Sie von solchem Verhalten betroffen, müssen Sie sich gut überlegen, ob Sie überhaupt darauf eingehen möchten. Schließlich lenken Sie dann die Aufmerksamkeit auf Nebenschauplätze, wo keine Lösung zu finden ist. Wenn Sie darauf eingehen, dann in einem geschützten Rahmen und sehr professionell. Lassen Sie sich nicht auf das gleiche, niedrige Niveau herab wie Ihr Gegner! Sollten Sie selbst zu diesem Verhalten neigen, dann überlegen Sie bitte, warum Sie das nötig haben. Wahrscheinlich möchten Sie Ihren Selbstwert wiederherstellen, indem Sie demjenigen schaden, der Sie angeblich in Ihrer Würde verletzt hat. Damit erreichen Sie aber genau das Gegenteil, weil Sie nach außen zeigen, wie notwendig Sie es haben, andere klein zu machen, um selbst vermeintlich besser dazustehen. Nicht nur Ihre direkten Opfer, sondern auch die Zeugen werden auf Dauer Ihre Gesellschaft meiden. Ihre Zeugen und angeblichen Verbündeten könnten nämlich das nächste Mal auf der Abschussliste stehen.

5. Eskalation und Delegation

Wenn der Schmiedl nicht will, muss der Schmied her. Hier wird der Wirkungskreis des Konflikts erweitert – zum Beispiel um den Vorgesetzten. Ein Richter soll das Machtwort sprechen. Oder man holt sich Verbündete, die die eigene Position gegenüber dem Gegner verstärken sollen. Das Problem hierbei ist vielschichtig: Die Kosten des Konfliktes werden höher. Mehr Menschen sind eingebunden und beschäftigen sich mit der gleichen Sache. Andere werden gleichsam mit einem Virus angesteckt. Auch wenn es Sinn haben kann, andere ins Boot zu holen, die neue Aspekte einbringen und bereits am Tisch liegende Standpunkte anders bewerten können, scheitert ein solches Vorgehen sehr oft. Sinnvoll kann dieses Verhalten dann sein, wenn gemeinsam überlegt wird, wer denn wie dazu geholt werden kann. Dann besitzen die neuen Beteiligten nämlich die Akzeptanz beider Konfliktparteien. Wichtig ist, dass sie auch gemeinsam und in einem offenen Gespräch, bei dem alle Beteiligten anwesend sind, in den Konflikt eingeführt werden. Sonst sind sie vorbelastet und zumeist ganz einfach auf der Seite, der sie zur Konfliktbehebung eingeladen hat. Gerade (persönlich) Nahestehende sind oft schlechte Ratgeber, weil sie wiederum nur die Position der Person verstärken, aber nicht sachlich die Qualität der Argumente überprüfen und bewerten. Sie können also keine neuen glaubwürdigen Perspektiven einbringen.

6. Das Finden eines Kompromisses

Was auf den ersten Blick als konstruktiv erscheint, ist in Wahrheit eine faule Lösung: „Kommen wir uns doch einfach auf halbem Wege entgegen, und die Sache ist erledigt!" Ist denn eine halbe Lösung eine gute? Werden nicht beide unglücklich sein und diesen Kompromiss nur als kurze Atempause für einen neuen Konflikt begreifen? Da sich im Konflikt die Standpunkte oft verhärten und sogar extremer werden, ist der Kompromiss dann oftmals schlechter als so manche Lösung, die schon im Raum stand. Wenn der Konflikt nämlich schon länger andauert, die Wut schon ein paar Mal tiefe Furchen in die Beziehung der Parteien gegraben hat und Vorwürfe den anderen schon etliche Male verletzt haben, ist der Kompromiss eine Scheinlösung.

7. Das Erarbeiten eines Konsenses

Der Konsens ist die einzig wirklich nachhaltig sinnvolle Lösung! Was ist nun ein Konsens?
Das Wort kommt aus dem Lateinischen. *Consentire* bedeutet übereinstimmen. Wir brauchen also etwas, mit dem wir wirklich übereinstimmen können.
Der Verlauf des Konflikts hat zumeist Emotionen produziert, die wiederum unsere Wahrnehmung beeinträchtigen. Wir sehen in diesem Nebel an Gefühlen nichts mehr und halten uns nur stur an schon vorgebrachten Standpunkten fest. Letztlich sehen wir keine Möglichkeiten mehr, irgendwo Übereinstimmungen zu erzielen. Dennoch gibt es Möglichkeiten, die Sicht zu klären: Zunächst sollte man sich gemeinsam fragen, ob vielleicht eine Lösung gar nicht nötig ist. Das mag auf den ersten Blick wie eine Flucht wirken, muss es aber nicht sein. Im Englischen gibt es das sogenannte *agree to disagree*. Man einigt sich darauf, uneinig zu sein. In einem nächsten Schritt kann man sich dann gemeinsam überlegen, wie man sich nun so verhält, dass die Konfliktparteien dennoch miteinander funktionieren können. Absprachen, gewisse Themen nicht mehr zu besprechen, oder das Aufstellen von neuen Verhaltensregeln, um den Konflikt nicht mehr aufkommen zu lassen, sind in diesem Fall angebracht: „Wir akzeptieren hier gegenseitig unsere Unterschiedlichkeit und machen sie uns in Zukunft nicht mehr zum Vorwurf". Die beschränkte Wahr-

nehmung der Personen in einem Konflikt macht natürlich die Beteiligten auch blind gegenüber völlig neuen Ansätzen. Dabei kann man entlang der grundsätzlichen Ideen des Harvard Concepts folgende Gesprächspunkte in dieser Reihenfolge besprechen:

- Welche Interessen und Motive stehen hinter den Standpunkten der Konfliktparteien? Der Standpunkt lautet zum Beispiel: „Ich möchte meinen Urlaub in Italien verbringen.“ Die Gründe dafür könnten nun sein: Bademöglichkeiten, Wetterverlässlichkeit und die italienische Küche. Diese Begründungen für einen Standpunkt gilt es zunächst zu erfragen (Was erwartest du dir von Italien?) und dann zu respektieren! Der Konflikt sollte sich nicht darum drehen, ob die Bademöglichkeiten nun ein berechtigter Grund sind oder nicht. Dass die Parteien unterschiedliche Interessen haben, ist klar – sonst hätten sie ja keinen Konflikt.
- Welche Lösungsmöglichkeiten waren bisher schon auf dem Tisch und welche gibt es noch? Hier sollte man sich Zeit lassen. Das Einbinden von anderen Personen mit weiteren Ideen kann jetzt sehr sinnvoll sein! Recherche ist ebenso sinnvoll: Kennt jemand diese Situation, der andere, noch nicht bedachte Lösungen gefunden hat? Die Frage ist, ob die Interessen nicht auch anders befriedigt werden können. Auch wenn beispielsweise Italien sicher einzigartig ist, gibt es vergleichbare Strände und Wetterbedingungen auch an

anderen Orten. Der Verzicht auf das originale italienische Essen wäre das Zugeständnis an die Einigung, das notwendig ist. In diesem Schritt geht es vor allem darum, die Optionen zu erweitern. Man sollte neben Italien noch andere Wahlmöglichkeiten finden.

- Im letzten Schritt werden nun die Vorschläge nochmals diskutiert. In dieser Diskussion sind Verhaltensvereinbarungen sehr wichtig, um nicht erneut in eine Konfliktsituation zu geraten. Hier sind die 10 Diskussionsregeln aus dem Kapitel „Gesprächssteuerung“ zu beachten, wobei die Installation einer Moderation hier ebenfalls hilfreich und nützlich sein kann.

Grundsätzlich sollte das Positive eines Konflikts herausgearbeitet werden, denn meistens löst dieser einen Prozess aus. Konflikte sind also keine punktuellen, kurzen Gespräche, die sich schnell beenden lassen. Zumeist beginnt der Prozess ganz einfach mit unterschiedlichen Sichtweisen. Bald werden Standpunkte immer härter vertreten, und Emotionen kommen ins Spiel, die zusätzliche Dynamiken auslösen: Gegenseitige Vorwürfe, persönliche Angriffe auf die Integrität oder Kompetenz der Personen und vor allem die Verengung der Wahrnehmung. Man sieht nur mehr das Trennende, das Ärgerliche, und die Emotionen suchen nach sachlichen Argumenten: Weil der andere mich ärgerte (Emotion) habe ich auch viele Gründe, ärgerlich zu sein (Argumentation). Meis-

tens wird ein konfliktreiches Gespräch auch schneller. Die Gesprächsteilnehmer högeben das Zuhören auf, beziehen sich nicht mehr auf das wirklich Gesagte und unterbrechen sich oftmals gegenseitig.
Deshalb sollte Deeskalation als oberste Priorität gelten. Hier versucht man, die Geschwindigkeit des Wortwechsels zu verlangsamen. Möglichkeiten dafür sind:

- Pausen
- Ein Ortswechsel
- Nachfragen
- Zusammenfassen

Eine *Pause* kann Wunder wirken. Wichtig in dieser Pause ist aber, tatsächlich das Thema ruhen zu lassen. Am besten, man macht kurzfristig etwas anderes.

Orte laden sich förmlich mit dem Konflikt auf. Sie haben sicher auch schon die Erfahrung gemacht, dass Sie einen Raum betraten, in dem „dicke Luft" herrschte. Einfach einmal den Ort verlassen und eine Runde spazieren, sich das nächste Mal an einem anderen Ort verabreden oder gemeinsam in ein Café gehen – all das kann zur Deeskalation beitragen.

Fragen sind eines der wichtigsten Kommunikationsinstrumente. Auch im Konflikt erweisen sie gute Dienste. Mögliche Fragen sind: Was sollen wir jetzt tun? Womit wäre uns jetzt am besten gedient? Worin sind wir uns einig?

Zusammenfassungen geben Orientierung. Da in der heißen Phase Themen und Inhalte sehr schnell vermischt werden, sollte man darauf achten, hin und wieder einen Ist-Stand zusammenzufassen. Was haben wir jetzt alles angesprochen? Worin sind wir uns einig? Worin sind wir uneins? Was ist jedem von uns wichtig?
Sehr wichtig bei Konflikten ist die Fähigkeit, Kritik anzunehmen. Das ist für viele Menschen sehr schwer. Insbesondere dann, wenn sie sich ihrer Person oder Handlungen unsicher sind, reagieren sie oft unverhältnismäßig emotional, wenn jemand Kritik übt.
An dieser Stelle möchte ich Erich Fromm zitieren (aus: „Erich Fromms kleine Lebensschule" von Rainer Funk): „Kritikfähigkeit hat fast immer mit der Fähigkeit zur Des-Illusionierung zu tun, das heißt mit der Bereitschaft, auf Illusionen über sich und andere und auf die Inszenierung von sentimentaler und illusionärer Wirklichkeit zu verzichten. Das deutsche Wort für Des-Illusionierung, Ent-Täuschung, macht zugleich den emotionalen Gehalt deutlich: Es geht darum, sich einzugestehen, dass man einer selbst verschuldeten oder öffentlich geforderten und geförderten Täuschung aufgesessen ist und auf sie zu verzichten imstande ist. Dies ist dann in der Tat enttäuschend, aber eben auch befreiend. Denn solange man

nicht mit den Illusionen aufräumt, hält man Zustände am Leben, die ungesund sind und die ihr Fortbestehen nur Illusionen verdanken."
Fällt die Illusion der Täuschung weg, ist man oft ziemlich nackt. Man dachte, gut gewesen zu sein, und erfährt das Gegenteil. Man wollte sein Bestes geben, und es reicht nicht. Man meinte etwas gut, und es kam schlecht an. Kritikfähigkeit erfordert somit sehr viel Mut. Mut, die Dinge hinterfragen zu lassen, sich auf neues Terrain zu begeben oder sich und anderen einzugestehen, dass etwas nicht gut war. Aber nur durch die Ent-Täuschung bekommt man einen Blick auf die Realität! Was falsch ist, wird nicht richtiger, nur weil es die Richtigen verteidigen! Was nicht da ist, lässt sich nur kurzfristig herbeireden, und was da ist, wird sich irgendwann zeigen! Jede Krise birgt somit die wunderbare Chance zur Wahrhaftigkeit in sich: sich mit seinen Einstellungen und Entscheidungen dem anzunähern, was wirklich ist.

Was man alles hören kann

Analytisches Zuhören

In der Kommunikation zwischen Menschen werden Informationen ausgetauscht – und zwar auf verschiedenen Ebenen und über unterschiedliche Kanäle. Auf der Inhaltsebene hören wir das, was dann auf die Beziehungsebene wirkt. Die Gefühle, die die Informationen auslösen, werden dann in Tonfall, Körpersprache und Formulierungen weiter kommuniziert. Damit wird fast jedes Gespräch zu einer sehr komplexen Angelegenheit. Gleichzeitig nimmt unsere Fähigkeit und Bereitschaft zum Zuhören immer mehr ab. In fast jedem Training beobachte ich einen Fokus auf sendende Fertigkeiten: „Wie reagiere ich auf …?“ – „Was sage ich, wenn …?“ – „Wie setze ich mich besser durch?“ – „Wie bringe ich meinen Standpunkt klarer an den Zuhörer?“ usw. Selten höre ich die Erwartungen: „Wie kann ich mich besser auf mein Gegenüber konzentrieren?“ oder „Wie lerne ich, andere besser zu verstehen?“

Obwohl jeder gern verstanden werden möchte, sehen wenige den Auftrag bei sich selbst, um den anderen zu verstehen. Das führt zu langen Ausführungen von Gesprächspartnern, die von niemandem aufgenommen werden. Eine kollektive Entleerung, ohne mit diesen Informationen tatsächlich ein Ziel verfolgen oder erreichen zu können.

Ich rate daher zu zweierlei: den Fokus aufs Zuhören legen und mehr Fragen stellen.

Zuhören hat sehr viele positive Effekte:

- Dem Gesprächspartner wird Aufmerksamkeit signalisiert – ein Grundbedürfnis der Beziehungsebene zwischen zwei Menschen.
- Der gute Zuhörer erhält mehr Informationen und kann somit auf mehrere Punkte Bezug nehmen.
- Ein geschulter Zuhörer entlarvt Schwächen in der Argumentation des anderen, die zu seinem Nutzen sein können.
- Zuhörer sind weitaus angenehmer und beliebter als Vielredner.
- Wer gut zuhört, muss weniger eigene Argumente vorbringen.
- Interessiertes Zuhören schärft unsere Wahrnehmung für das Gegenüber.
- Ein guter Zuhörer ist präsenter in der Situation und somit meist auch gelassener und glaubwürdiger.
- Gute Zuhörer sind sachlicher

Wie kann man das Zuhören lernen?

Die erste Grundvoraussetzung, um gut zuhören zu können, ist die Anwesenheit. Damit meine ich nicht nur die rein physische Anwesenheit, sondern eine konzentrierte, offene Präsenz. Eine Gegenwärtigkeit, in der Sie die Aufmerksamkeit darauf lenken, was gerade passiert. Sie hängen gedanklich nicht an irgendwelchen vergangenen Erlebnissen, überprüfen nicht Ihre etwaig gegebenen Vorurteile, Sie planen während des Zuhörens auch keine

Reaktion, wenn der andere Sie wieder zu Wort kommen lässt, sondern Sie nehmen einfach nur wahr, was und wie der andere zu Ihnen spricht. Eine einfache sehr schnelle Übung, um zu erfahren, was ich meine, ist folgende: Setzen Sie sich aufrecht hin und schließen Sie die Augen. Zählen Sie langsam und konzentriert die Zahl der Geräusche, die Sie wahrnehmen.

Eine zweite Grundvoraussetzung, um zum guten Zuhörer zu werden, ist Interesse am Gegenüber. *Interesse* setzt sich aus *inter* und *esse* zusammen, was „dazwischen sein" bedeutet, das heißt, nur wenn ich irgendwo mitten drin bin, wird es interessant! So wäre auch für uns Europäer Amerikas Baseball-Leidenschaft verständlicher, würden wir uns bei den Regeln besser auskennen. Und wer das erste Mal eine Ausstellung moderner Kunst betritt, wird sich wundern, dass eine blaue Fläche ein geniales Kunstwerk sein kann. Erfährt man mehr über den Maler, die Zeit, in der er lebte, und was das Bild in diesem Kontext bedeutet, wird es interessant. Das bedeutet, dass ich nur etwas interessant finden kann, wenn ich mich einer Sache mit dem Ziel widme, sie verstehen zu wollen. Das entspricht meinen Erfahrungen als Trainer. Im Erstgespräch mit neuen Kunden lasse ich beispielsweise Desinteresse bei mir einfach nicht zu. Es mag unehrlich klingen, wenn ich Ihnen hier sage, dass ich einfach den Entschluss fasse, dass ich alles, was den Kunden berührt, interessant finde. Meine Erfahrung: So wird das Zuhören spannend und bedarf keiner Anstrengungen mehr. Wenn Sie sich in der Kommunikation zum Verhaltensforscher machen und sich immer wieder die Frage stellen, was der Grund sein könnte, warum sich dieser Mensch jetzt genau so verhält, dann schaffen Sie zwischen sich und Ihren Gefühlen eine Distanz, die in manchen Gesprächen sehr wichtig sein kann. Menschen verhalten sich in jedem Moment für sich sinnvoll. Sonst täten sie es nicht. Und wenn Sie jemanden sehen, der gerade seinen Kopf ständig an die Wand hämmert – für ihn hat dieses Verhalten gerade eben Sinn. Wäre es nicht spannend herauszufinden, warum er das tut? Wenn wir Verhalten beobachten, das uns befremdet, weil wir es nicht verstehen, dann ist eine naheliegende Reaktion, dieses zu verurteilen, wenn nicht sogar zu bekämpfen. Wie viel ruhiger und konstruktiver verläuft aber ein Gespräch, in dem man sich das Verhalten nicht gegenseitig vorhält, sondern sich gegenseitig verstehen möchte, warum jemand genau das tut, was er tut.

Den Schwerpunkt auf das Reden zu legen hat eine sehr bestimmende Konsequenz: Man glaubt, immer wissen zu müssen, was man zu sagen hat. Das verursacht bei sehr vielen Menschen großen Stress. Ich nenne diesen Stress Produktionsdruck. Den Druck, etwas produzieren zu müssen: ein gutes Gegenargument, ein neues Pro-Argument, eine Meinung, schlagfertig gekontert. Kein Wunder, dass dieser Stress oft zu Blackouts führt.

Mein Ansatz ist hier: den Produktionsdruck umkehren und ihm dem Gesprächspartner umhängen. Nicht ich produziere auf Zuruf ständig Neues, sondern ich mache mich zum genauen Zuhörer und überprüfe die Qualität der Aussagen des anderen. Ich höre analytisch zu.

Was ist analytisches Zuhören?

Das Wort *Diskussion* kommt aus dem Lateinischen und bedeutet in Stücke schlagen. Genau das ist analytisches Zuhören: Sie zerschlagen ein Argument in seine Teile, um zu überprüfen, wie gut es ist und ob es Beachtung finden sollte oder nicht. Je genauer Sie die Argumentation Ihres Gesprächspartners analysieren, desto besser finden Sie Anknüpfungspunkte für Ihre Reaktion, die Sie zu Ihrem Vorteil nutzen können.

Beim analytischen Zuhören hinterfragen Sie die Standpunkte Ihres Gesprächspartners nach bestimmten Kriterien und überprüfen somit deren Qualität. Wenn die Meinungen Ihres Gegenübers dieser Qualitätsprüfung nicht standhalten, dann artikulieren Sie diesen Mangel. Folgende Qualitätsmerkmale können Sie hinterfragen:

Ist der geäußerte Standpunkt überhaupt Teil des Themas beziehungsweise im vereinbarten Gesprächsrahmen?

Vor einer Diskussion sollten Sie unbedingt das Thema benennen und einen Gesprächsrahmen fixieren, der die zu besprechenden Inhalte, deren Reihenfolge (Agenda),

das Ziel des Gesprächs, mögliche Regeln, vielleicht sogar Rollen der Teilnehmer und die Dauer der Diskussion festgelegt. Verletzt Ihr Gesprächspartner nun diesen Gesprächsrahmen durch seinen Standpunkt, dann weisen Sie ihn darauf hin und beschäftigen Sie sich nicht weiter mit dem Standpunkt.
Mögliche Formulierungen sind: „Das ist zwar interessant, was Sie da sagen, aber leider kann ich darauf jetzt nicht eingehen, weil es uns zu sehr von unserem Thema ablenkt" – „Ich bin nicht der Meinung, dass das zum Thema gehört, weil …" usw.

Ist der Standpunkt begründet?
Sehr häufig reagieren wir auf Behauptungen, Unterstellungen und Vermutungen so: „Das finde ich aber nicht gut." – „Ich bin dagegen." – „Das ist doch nicht wahr!" Fordern Sie Begründungen ein! Reagieren Sie nicht einfach blind auf nicht argumentierte Standpunkte. Das ist in hitzigen Debatten oft leichter gesagt als getan, weil in diesen Situationen vergessen wir zuzuhören und nutzen die Zeit, die der Gesprächspartner spricht, ausschließlich zum Nachladen für unsere Verteidigung.
Mögliche Formulierungen sind: „Warum?" – „Und wie begründen Sie diese Aussage?" – „Wieso soll ich auf eine Behauptung eingehen? Behauptungen ohne Begründungen kann jeder aufstellen, und das ist dem Thema nicht würdig."

Ist die Begründung logisch richtig und widerspruchsfrei zur Behauptung?
Nicht alles, was logisch ist, ist auch richtig: Denken Sie an den falschen Schluss „Vögel können fliegen. Der Strauß ist ein Vogel. Daher kann der Vogelstrauß fliegen". Und manche Aussagen sind so unsinnig, dass sogar deren Gegenteil falsch ist! (frei nach Karl Kraus). Sehr oft werden auch nicht die im Standpunkt getroffenen Aussagen begründet, sondern nur Einwände mit vagen Bemerkungen abgewehrt wie: „Ich bin dagegen, weil Ihr Vorschlag viel zu viel kostet!", ohne dass der eigene Standpunkt verteidigt wird oder andere Lösungen vorgeschlagen werden.
Mögliche Formulierungen sind: „Ihre Begründung klingt zwar logisch, aber sie ist dennoch falsch." – „Sie haben viel gegen meinen Standpunkt gesagt, aber Ihren eigenen damit noch nicht begründet!"

Sprechen wir vom Gleichen?
Überlegen Sie, wie oft Sie glauben, vom Gleichen zu sprechen wie Ihr Gegenüber, tatsächlich reden Sie von gänzlich unterschiedlichen Dingen. Was verstehen Sie unter Fairness, Gerechtigkeit, Teamfähigkeit, Leistung usw.? Wir verwenden Begriffe, ohne genau zu klären, wie wir sie definieren. Hören Sie Ihrem Gesprächspartner zu und überlegen Sie sich dabei, wie er sie versteht. Oder fordern Sie ihn zu einer klaren Definition auf!

Mögliche Formulierungen sind: „Es scheint, als verstehen Sie unter Teamfähigkeit eine Anpassungsfähigkeit des Teams an Ihre Bedürfnisse. Ich sehe das genau umgekehrt." – „Ich glaube, wir reden hier nicht vom Gleichen. Sagen Sie mir doch bitte, was Sie konkret unter … verstehen!"

Ist der Standpunkt in diesem Kontext zulässig?
Standpunkte sind immer in ihrem weiteren Umfeld zu sehen. In der Wirtschaftskrise sind Defizite anders zu sehen als in der Hochkonjunktur, in der Not sind fünf Euro mehr wert als im Überfluss usw. Überlegen Sie, ob Ihr Gesprächspartner den Zusammenhang richtig berücksichtigt hat, sobald er seine Aussagen trifft!
Mögliche Formulierungen sind: „Es gibt Situationen, in denen Ihre Aussage sicherlich zutrifft, aber …" – „Wenn wir alle frei von Geldsorgen wären, dann könnte ich Ihren Aussagen ja zustimmen, aber …" usw.

Steht der geäußerte Standpunkt des Gegners überhaupt im Widerspruch zu meinen Aussagen und wenn ja wie genau?
Wie schon erwähnt leidet die wichtigste Fähigkeit in der Diskussion, das Zuhören, am schnellsten, wenn es heiß zugeht. In vielen Diskussionen reden wir nicht miteinander, sondern schießen nur wild gegeneinander, weil wir unterschiedliche Positionen (Arbeitnehmer–Gewerkschaft), Rollen (Produktion–Verkauf) und Wert-

haltungen (SPÖ–ÖVP) haben. Hören Sie genau hin, ob im Standpunkt des anderen nicht auch Gemeinsamkeiten sind! Wenn Sie die Diskussion – eventuell kurzfristig – entschärfen möchten, dann gehen Sie auf die Gemeinsamkeiten ein oder fragen Sie einfach nach, wo jetzt der Widerspruch zu Ihren Äußerungen tatsächlich liegt. Mögliche Formulierungen sind: „Ich glaube, wir haben hier eine Gemeinsamkeit, nämlich …" – „Da haben Sie mir jetzt aber im Prinzip gar nicht widersprochen. Sie legen nur den Schwerpunkt ein wenig anders."

Ist der Standpunkt des Gegners richtig dosiert?
Die Dosis macht das Gift! Selbst Wasser ist – im Übermaß getrunken – irgendwann lebensgefährlich, und ein Glas Wein macht niemanden zum Alkoholiker. Hören Sie genau hin, ob Ihr Gegner seine Aussagen nicht über- oder unterdosiert. Ist eine falsche Dosierung der Fall, dann weisen Sie den Gegner darauf hin.
Mögliche Formulierungen sind: „Ihre Aussage ist zu extrem und genau das macht sie falsch." – „Lassen wir doch die Kirche im Dorf, schließlich …"

Ist der Standpunkt des Gesprächspartners allgemein richtig oder nur ein Einzel- bzw. Extremfall?
Sehr oft werden Einzel- und Extremfälle zu allgemeinen Wahrheiten erklärt. Schlägt eine Therapie bei einem Patienten nicht an, ist sie nicht grundlegend zu verwerfen.

Weisen Sie den Gesprächspartner darauf hin und streichen sie auch die Destruktivität heraus, die dieses Verhalten bedeutet!

Mögliche Formulierungen sind: „Das mag in diesem Fall zutreffen, aber wie viele solcher Fälle könnten Sie denn nennen, damit Ihre Aussage wirklich relevant wird?" – „Würden Wissenschaftler so arbeiten, wie Sie argumentieren, dann glaubten wir noch immer, die Sonne drehe sich um die Erde. Schließlich nehmen wir das ja so wahr. Sie erheben den Einzelfall zum Gesetz und das ist destruktiv!"

Sind die Vergleiche, Beispiele zulässig?

Achten Sie darauf, wie der Standpunkt illustriert, also erklärt wird. Häufig werden Beispiele und Vergleiche als Begründungen herangezogen. Aber nicht alles, was hinkt, ist ein Vergleich, und nicht jedes Beispiel ist gültig (siehe oben: Beispiele sind immer Einzelfälle!).

Mögliche Formulierungen sind: „Abgesehen davon, dass Sie nur Beispiele nennen, die ja immer nur Einzelfälle sein können, ist dieses noch dazu schlecht, weil ..." – „Dieser Vergleich ist nicht zulässig, weil wir ihn sehr genau analysieren müssten, um beide Aussagen wirklich vergleichbar zu machen. Haben Sie vielleicht auch allgemein gültige Argumente, die Ihre Aussage wirklich untermauern?"

Ist der Rückschluss von diesem Teil aufs Ganze zulässig?
Oft werden Urteile über einen Teil aufs Ganze übertragen: „Der Dieb war ein Ausländer – die sind doch alle gleich!“ Die Übertragungen von Urteilen von einem Teil (Dieb) auf eine ganze Gruppe (Ausländer) ist natürlich unsinnig. Aber dennoch beobachten wir ein solches Verhalten sehr häufig.
Mögliche Formulierungen sind: „Sie verallgemeinern einen Einzelfall. Das ist nicht zulässig, schließlich haben wir es hier mit sehr unterschiedlichen Menschen zu tun.“ – „Nur weil Sie schlechte Erfahrungen mit dieser einen Person gemacht haben, gilt diese nicht für alle.“

Analytisches Zuhören erfordert Konzentration, hat aber einen gewaltigen Vorteil: Sie brauchen selbst keine neuen Argumente zu finden! Jede der oben beschriebenen Reaktionen basiert auf dem, was der andere gesagt hat, und zwingt Sie nicht, ständig Neues zu produzieren. Das ist ein wesentlicher Schritt in Richtung Gelassenheit oder – wie ich es nenne – Abbau des Produktionsdrucks, bei dem Sie ständig neue Aussagen produzieren müssen und schlussendlich derjenige gewinnt, dem noch ein weiteres – unsachliches – Argument eingefallen ist. In der richtigen Melodie und Einstellung gesprochen werden Ihre Fragen weder angriffig noch aggressiv klingen und können die Diskussion qualitativ hochwertiger, vernünftiger und konstruktiver werden lassen.

Die harten Seiten

Destruktives Gesprächsverhalten

Unter destruktivem Gesprächsverhalten verstehe ich ein solches, das nicht zielführend ist. Dabei sind die möglichen Ziele besonders im beruflichen Kontext das Mit-und-voneinander-Lernen (Dialog), Miteinander-Entscheiden (Diskussion), um so gemeinsam Probleme zu lösen, damit die zukünftige Kooperation funktioniert (Konflikt). Kommunikation kann auch von externen Faktoren, die negativ auf das Verhalten der Gesprächspartner einwirken, behindert werden. Rahmenbedingungen zu schaffen, die eine wahrhaftige Kommunikationskultur begründen und begünstigen, ist eine Aufgabe der Führung und der Organisationsstruktur. „Wahrhaftigkeit" verstehe ich hier als das Bemühen aller, der Wahrheit Rechnung zu tragen und damit zu möglichst richtigen Entscheidungen zu gelangen. Weil sich Führungskräfte hier oft einer vermeintlich nicht zu verändernden Kultur einfach fügen statt zu intervenieren, wird hier oftmals unnötig viel Geld ausgegeben. Gleichzeitig wird wertvolles Potenzial an Ideen, Perspektiven und Lösungen von Mitarbeitern verschwendet.

Eine Liste, der Sünden:

- Schlecht vorbereitete Sitzungen, die nicht moderiert werden und somit immens viel Zeit kosten.
- Sitzungsteilnehmer, die für den Fortschritt der Sitzung nicht anwesend sein müssten, aber aus firmenpolitischen Gründen passiv vor Ort sind.
- Sitzungszeiten, die nicht eingehalten werden.

- Protokolle, die mit Informationsmasse den leeren Gehalt und die Unklarheit der Ergebnisse kaschieren sollen.
- Sitzungsteilnehmer, die E-Mails und Telefonate führen, zu spät kommen, früher gehen, etc.
- Schlechte Atmosphäre und schlechte technische Ausstattung von Besprechungsräumen.
- Unklare oder nicht praktizierte Werte im Umgang miteinander.
- Unklare Führungsvorgaben.
- Unklare Positionen (Entscheidungsbefugnisse) und Funktionen (Aufgaben).

All diese Faktoren, die auf die Kommunikation im Unternehmen wirken, liegen in der Verantwortung der Führung, indem sie entsprechende Funktionen schafft oder zuteilt, Standards definiert, Entscheidungen trifft oder räumliche Rahmenbedingungen schafft.

Das Verhalten der Menschen orientiert sich sehr stark an der Kultur, in der sie sich befinden. Kommen Sie das erste Mal bei Ihrem neuen Dienstgeber zu spät zu einer Sitzung, die dann zwei Stunden länger dauert und völlig ergebnislos abgebrochen wird – ohne dass dies jemanden zu stören scheint –, haben sie Ihre Lektion gelernt. Neben diesem kulturellen Faktor möchte ich hier aber vor allem jenen Bereich in den Fokus rücken, der von jeder einzelnen Person gestaltbar ist – unabhängig von Rahmenbedingungen: das eigene Verhalten.

Unser Verhalten wird von unserer Position (als Chef werden Sie anders agieren als ein Kollege), der Situation (in einem offiziellen Meeting sprechen Sie anders als unter vier Augen), Ihrer Stimmung (manchmal sind Sie sich Ihrer selbst sehr sicher manchmal nicht) und Gefühlen (wurden Sie gerade verärgert, reagieren Sie anders) beeinflusst. Ein sehr wesentliches Gefühl, das auf Sie und Ihr Verhalten wirkt, ist das Selbstwertgefühl. Der Grundwert dieses Gefühls ist ziemlich konstant und somit eher Ihrem Charakter zuzuordnen als einem momentanen Gefühl. Dennoch wird dieses Selbstwertgefühl ständig überprüft. Wird es bedroht, werden Sie es schützen, ist es bereits angegriffen, werden Sie danach trachten, es wiederherzustellen.

- Dabei habe ich folgende Verhaltensweisen beobachtet, die das *Selbstwertgefühl schützen* sollen: Sturheit, Flucht, Angriff, Selbsterniedrigung
- Verhaltensweisen, die das *Selbstwertgefühl wieder herstellen* sollen: Rechtfertigung und Selbstüberhöhungen

Den Selbstwert schützende Verhaltensweisen

Beobachten Sie an Ihrem Gegenüber Sturheit, Fluchttendenzen, Angriffe oder Selbsterniedrigungen, dann können diese daher rühren, dass der andere sich schützen muss. Sturheit verhindert Flexibilität und Offenheit. Man wagt keinen Schritt mehr auf neues Territorium, sondern igelt sich quasi dort ein, wo man gerade ist. Zu groß scheint die Gefahr verletzt oder widerlegt zu werden. Die Sturheit produziert auch keine neuen Argumente oder geht sehr verkürzt auf die Argumente der anderen ein. Wichtig dabei ist, dass Sie als Gesprächspartner dem in der Sturheit Verharrten zeigen, dass er nichts zu verlieren hat, wenn er seinen Standpunkt aufweicht. Das braucht zumeist Zeit. Oft ist der Sture nicht in der Lage und auch nicht willens, im Moment sein Verhalten zu ändern. Vergeht etwas Zeit, kann sich das ändern. Versuchen Sie nicht, gegen diese Mauer anzurennen, sondern wechseln Sie kurzfristig das Thema. Geben Sie dem Sturen in so vielen Dingen wie möglich Recht und zeigen Sie ihm damit, dass er nichts zu verlieren hat, wenn er seine Meinung ändert.

Fluchtverhalten kommt sehr oft vor, weshalb ich ihm hier ein wenig mehr Raum widmen möchte.

Fliehen können wir auf sehr unterschiedliche Art und Weise. Folgende Fluchtpunkte gibt es:

Von der *Person* („Ich bin hier nicht zuständig!")
Die eigene Verantwortung abstreiten und jemand anderem zuschieben. Das passiert leider oft im Kundenkontakt bei schwierigen Beschwerden. Der Umgang mit Beschwerden fällt aber auf das Image der Firma zurück. *Jeder* sollte sich für die Kunden verantwortlich fühlen, auch wenn er nicht zuständig ist. Dann sollte derjenige, der die Beschwerde erhält, sich zumindest persönlich darum bemühen, dass der Kunde den richtigen Ansprechpartner findet.

In hochkomplexen Systemen ist es oft tatsächlich kaum mehr nachvollziehbar, wer denn schlussendlich wirklich eine Entscheidung zu verantworten hat. Wenn wir die Berichterstattungen über Fehler beobachten, dann scheint es derzeit geradezu aus der Mode gekommen zu sein, zu Fehlern zu stehen. So habe ich noch niemanden ausmachen können, der für die Katastrophe bei der Love Parade 2010 die Verantwortung übernommen hätte. Ein Großteil der Wut der Menschen ist genau dadurch geschürt worden. Von Misswirtschafts- und Korruptionsfällen im öffentlichen Bereich gar nicht zu sprechen.

Wer nicht ver-*antwortet* schuldet eine Antwort. Auch wenn es verständlich ist, dass wir ein natürliches Bestreben danach haben, lieber für Erfolge und nicht für Misserfolge verantwortlich zu sein, sollten wir zu einer Fehlerkultur kommen, in der es wieder möglich ist zu lernen.

Sind Sie mit einem solchen Verhalten konfrontiert, ist zumeist der Hinweis darauf schon sehr wichtig und hilfreich. Neigen Sie selbst dazu sich zu fürchten, für Misserfolge gerade zu stehen, dann fragen Sie sich, ob das ein langfristig sinnvolles Konzept ist und Sie nicht gerade dadurch gewinnen können, zu sich und Ihren Handlungen zu stehen. Langfristig schafft das nämlich Glaubwürdigkeit und Kompetenz.

Vom *Ort* („Das werde ich nicht hier besprechen.")
Nicht jeder Rahmen ist für jeden Inhalt geeignet und tatsächlich kann es oft besser sein, ein Thema nicht in jedem Setting zu besprechen. In so einem Fall sollte sich das Gespräch der Frage zuwenden, wie der Rahmen gesetzt werden muss, damit wieder offen gesprochen werden kann. Mein Tipp: Machen Sie verbindliche Vereinbarungen: „Wir sehen uns also am soundsovielten mit folgenden Personen am Ort Y mit dem Ziel Z." Lassen Sie den Flüchtigen bestätigen, dass er dann sämtliche Informationen mit den Beteiligten teilen wird.

Vom *Zeitpunkt* („Noch möchte ich dazu nichts sagen.")
Auch hier gilt, wie bei der Flucht vom Ort eine Vereinbarung zu treffen, unter welchen Bedingungen und wann das Thema abgehandelt wird. Überlegen Sie mit Ihrem Gesprächspartner auch, was in der Zwischenzeit passieren soll: „Bis zum nächsten Mal werden wir fol-

gende Punkte recherchieren …" Verbindlichkeiten – also Vereinbarungen, an die sich jeder hält – sind heutzutage eher selten geworden. Ob das an Social Media wie Facebook liegt, wo man nebenbei sehr viel mit teils Unbekannten kommuniziert und die Auswirkungen des Gesagten oft gar nicht sieht oder sehr leicht ignorieren kann, sei dahingestellt. In der heutigen Zeit werden aber viele Ergebnisse durch Kommunikation geschaffen. Wir erarbeiten Strategien, Konzepte, Antworten, Briefe usw., die alle entsprechende Konsequenzen nach sich ziehen. Wenn wir im Diskussionsverlauf ins Stocken geraten oder destruktives Verhalten Ergebnisse verhindert, dann schaffen Sie auf der Meta-Ebene Vereinbarungen, wie die Gesprächspartner damit nun umgehen werden oder was bis zum nächsten Mal zu passieren hat, damit Sie hier an diesem Punkt wieder weiter kommen.

Vom *Inhalt* („Unser Thema ist doch in Wahrheit …")
Dieses Verhalten könnte man auch Themen-Wechsel nennen. Sehr oft ist diese Taktik gar nicht bewusst gewählt geschweige denn destruktiv, sondern das ehrliche Empfinden einer Person. Die Themen greifen heutzutage sehr schnell ineinander über. So können wir nicht über Umweltschutz sprechen, ohne die Wirtschaftsinteressen zu bedenken. Hier ist es wichtig, dass ein Gesprächsleiter gut moderiert und mit der Gruppe die Themen klar definiert und somit voneinander abgrenzbar macht. Diese

Agenda (Welche Themen besprechen wir und was verstehen wir jeweils unter diesem Thema?) sollte dann in eine sinnvolle Reihenfolge gebracht werden (Was wird zuerst und was später diskutiert?), die schließlich von allen Beteiligten auch eingehalten wird. Das stellt für viele Moderatoren eine der größten Herausforderungen dar. Ein Tipp: Wenn Sie als Gesprächsleiter bemerken, dass ein Gesprächspartner das Thema nun gewechselt hat, dann begegnen Sie ihm zunächst mit Respekt und Verständnis, notieren Sie sein Anliegen und versprechen Sie ihm, auf dieses Thema später nochmals zurückzukommen. Und halten Sie dieses Versprechen – sonst verlieren Sie als Gesprächsleiter Ihre Glaubwürdigkeit.

Vom *Gespräch* an sich („ – “)
Auch dieses Verhalten ist nicht immer nur schlecht. Manche Themen und Aussagen sollte man ruhen lassen und nicht sofort auf alles eingehen. Dies fällt uns allerdings besonders schwer, wenn das Fluchtverhalten des anderen als ignorant empfunden wird. Deswegen sollte derjenige sich bemühen, der ein Gespräch nicht führen möchte, dem anderen gute Gründe für sein Verhalten zu liefern: Es sind noch nicht alle Informationen zusammengetragen, das Thema ist noch zu stark emotional aufgeladen oder man möchte sich noch ruhig seine Gedanken machen können.

Aus der *Kategorie* („Die prinzipielle Frage ist doch!" – „Erklären Sie das einmal Herrn X!")

Das ist eine Taktik, die Politiker gern verwenden. Hierbei flieht man nicht, indem man das Thema wechselt, sondern im gleichen Thema bleibt, aber es entweder nieder kategorisch betrachtet, also beispielsweise einen Einzelfall heranzieht, oder hoch kategorisch aus der Vogelperspektive sieht. So könnte ein Politiker gefragt werden, ob er nun für oder gegen den Bau der Umfahrungsstraße ist, und wie folgt antworten: „Fragen Sie einmal den Anrainer X, wie viele Autos jeden Tag durch sein Dorf fahren. Ich denke, dass wir unsere Heimat wieder lebenswerter für jeden machen müssen. Herr X zählt pro Stunde bis zu 20 LKW, die an seinem Fenster vorbei donnern!" (nieder kategorisch)

„Unsere Wirtschaft braucht ein Verkehrsnetz wie ein Körper den Kreislauf. Ohne entsprechende Infrastruktur werden wir das zarte Pflänzchen der Konjunktur abwürgen." (hoch kategorisch)

Jedes Mal ist zwar indirekt klar, dass der Politiker für die Straße ist, aber er hat in jedem Statement noch zusätzliche andere Botschaften verpackt. Das ist aus seiner Sicht sinnvoll, damit er viele Inhalte seines Programms kommunizieren kann, aber für viele Menschen oft nicht mehr verständlich. Er flieht somit vor einer kurzen, prägnanten und leicht verständlichen Antwort, auf die man ihn wohl festnageln könnte.

Manchmal kann eine Flucht natürlich richtig und sinnvoll sein und hat gar nichts mit einem verletzten Selbstwertgefühl zu tun. Aber wenn wir davon ausgehen, dass es das Ziel der direkten Kommunikation im beruflichen Alltag ist, einen Mehrwert zu schaffen im Sinne von weiteren Erkenntnissen, neuen Ideen, das Herbeiführen einer Entscheidung, das Schaffen von Klahreit usw., dann können wir nicht nur fliehen.
Trainings mit dem Titel „Schlagfertig kontern" sind ein Renner. Sie suggerieren, dass es Techniken gibt, die Sie jederzeit befähigen, allen Angriffen auf Ihre Person schnell, sicher und manchmal auch noch witzig zu begegnen. Manchmal werden seitenweise fertige Antworten aufgelistet, die Ihnen dann im speziellen Fall locker von den Lippen kommen sollen. Dabei spielen uns aber unsere Emotionen einen Streich, weil wir verletzt oder schockiert sind und dann nicht mehr klar denken können. Dann kommt es zur häufigen Erfahrung, dass uns erst später die richtige Antwort einfällt und wir uns ärgern, weil wir im Moment des Angriffs nur schweigend und entsetzt da sitzen konnten oder uns gerechtfertigt haben. Nicht alles, was uns im ersten Moment als Angriff erscheint, muss auch ein solcher sein. Es gibt viele Menschen, die jede Kritik sofort persönlich nehmen! Sollten Sie sich schwer damit tun, Kritik anzunehmen, dann sind eher Sie das Problem als der Angreifer. Dann müssen Sie sich überlegen, was Sie denn eigentlich zu verlieren

haben oder ständig zu verteidigen trachten, wenn Sie Kritik ernten. Kritik ist etwas sehr Wertvolles, weil sie uns beim Lernen hilft. Natürlich kann sie sehr wehtun, wenn sie nicht wertschätzend und konstruktiv formuliert wird, und wir sind sicherlich nicht in jeder Stimmung fähig, Kritik anzunehmen. Die Reaktion sollte aber primär Interesse sein. Kontern Sie mit Konkretisierungs- und Verständnisfragen: Wie meinen Sie das genau? Was darf ich jetzt konkret darunter verstehen? Hat die Kritik aber tatsächlich zum Ziel, Sie zu verletzen, und können Sie aus ihr nichts Vernünftiges lernen, dann kann sich dahinter natürlich auch ein persönlicher Angriff verstecken. Aber selbst dann sollten Sie fragend Antworten. Sie zwingen den Angreifer damit, sich konkret zu äußern, und Sie gewinnen Zeit und – hoffentlich – etwas Besonnenheit. Destruktive Kritik und Angriffe wie „Das ist ja wieder typisch für Sie“ – „So ein Blödsinn!“ oder „Das ist doch alles falsch!“ sind sehr leicht zu produzieren. Bevor Sie aber reagieren, sollten Sie erst etwas Konkretes und Sachliches vor sich haben, das Sie auch verstehen. Leider neigen manche Menschen dazu, sich auch auf solche Vorwürfe hin sofort zu verteidigen, und starten Gegenangriffe. Das kann nur in Streitereien ausarten! Reagieren Sie erst, wenn es etwas gibt, dass eine Reaktion wirklich wert ist. Sollte der Angreifer nichts Vernünftiges liefern können, dann sagen Sie ihm das: „Ich hätte jetzt gern aus Ihrer Kritik etwas gelernt, damit ich es das nächste Mal besser machen kann. Da Sie aber entweder nicht in der Lage oder nicht willens sind, mir irgendeinen konkreten Ansatzpunkt für eine Verbesserung zu geben, wird das nicht möglich sein."

Werden Sie für eine Sache kritisiert oder angegriffen, die Sie nicht ändern können, dann müssen Sie dem Angreifer Recht geben, um ihm den Wind aus den Segeln zu nehmen. Beispiele: „Sie wollen mich doch hier nur von Ihrem Standpunkt überzeugen!" – „Sie möchten mir doch nur etwas verkaufen!" – „Das ist doch nur Ihre Sicht der Dinge!" usw. Stehen Sie dazu! Natürlich möchten Sie den anderen von etwas überzeugen, vielleicht ihm sogar etwas verkaufen, und vielleicht hat er mit seiner Kritik absolut Recht. Wenn Sie das nicht verletzt, sondern Sie selbstsicher zu diesen Punkten stehen, dann geht der Angriff ins Leere. Die Waffe wird zum Blindgänger. Überlegen Sie sich, auf welche Angriffe Sie sehr oft mit Rechtfertigungen reagieren und ob diese Rechtfertigungen wirklich nötig sind: „Sie sind aber ganz schön dick geworden!" – Wer Ihnen so etwas vorwirft, will Sie nur verletzen, und vielleicht verletzt es Sie auch. Aber das ist kein Grund, sich nun vor dem Angreifer zu rechtfertigen. Stehen Sie dazu! „Ja. Das stimmt. Es schmeckt mir grad wirklich gut!" Wieso soll irgendwer anderer über Sie richten, welches Gewicht grad das Richtige für Sie ist? Werden Sie zu Ihrem eigenen Richter. Sie sollten entscheiden, was gut für Sie ist und was nicht. Niemand sonst. Man kann dieses Rechtgeben durchaus noch übertreiben, um dem Angreifer die Absurdität seines Angriffs vor Augen zu führen: „Ich finde, ich bin jetzt nicht nur dick, sondern schon richtig fett! Und ich werde mit Genuss weiter essen." Im beruflichen Alltag können Sie sagen: „Jawohl. Sicher will ich Ihnen, was verkaufen. Und zwar genau Ihnen, weil genau Sie die Zielgruppe sind, für die wir dieses Produkt entworfen haben."

Ganz wichtig ist, dass Sie sich bei der Reaktion auf einen Angriff selbst nicht unter Druck setzen. Wenn Sie in so einer Situation auch noch schnell und witzig kontern wollen, geht das meistens schief. Verlangsamen Sie das Gespräch. Das geht wunderbar über Fragen als Reaktion: „Wie kommen Sie zu der Ansicht?" – „Was wollen Sie damit konkret sagen?" – „Was meinen Sie genau?". Aber Sie können sich auch einfach Zeit nehmen: „Ich möchte auf diese Aussage nicht sofort antworten. Ich werde mir aber eine geeignete Argumentation überlegen."

Bevor Sie sich rechtfertigen oder gar den Gegner Ihrerseits angreifen, könnten Sie zunächst noch das Verhalten des anderen kommentieren. Sie zeigen ihm und vielleicht sonst noch Anwesenden auf, was er gerade macht: „Sie greifen mich hier persönlich und sehr pauschal an" und dann stellen Sie entweder eine Frage: „Wieso machen Sie das?" oder stellen Sie klar, was Sie davon halten: „Und das ist nicht richtig!" Achten sie aber darauf, dass

Sie nicht zu viel sagen. Wenn Sie zu viel erklären, argumentieren und kommentieren, dann klingt das sehr bald nach einer Rechtfertigung. Bedenken Sie immer, dass Rechtfertigungen meistens sinnlos und Sie gerade emotionalisiert sind. In so einer Stimmung sagt man viel Unüberlegtes und wirkt meistens eher unsicher. Deshalb trachten Sie immer danach, dass sich eher der andere sachlich ausdrücken soll, damit Sie sich möglichst schnell auf diese objektiven Punkte einlassen können!

Es gibt auch Angriffe, die nicht direkt geäußert werden. Der Rhetoriktrainer Matthias Pöhm spricht hier von indirekten Angriffen, die sich beispielsweise in Blicken äußern können: Jemand behandelt Sie „von oben herab" oder grinst süffisant. Manchmal ist es ratsam, gar nicht darauf einzugehen. Sie müssen in diesem Moment entscheiden, ob Sie die Aufmerksamkeit auf dieses Verhalten lenken möchten, beziehungsweise welche Position Sie haben, um dieses Verhalten zu kritisieren. Wenn Sie sich entscheiden, es anzusprechen, dann rät Matthias Pöhm Folgendes: Sprechen Sie aus, was der andere indirekt sagt: „Sie erwecken bei mir den Eindruck, als könnten Sie das, was ich sage, nicht respektieren." Manchmal fühlt sich der Angreifer regelrecht ertappt oder zumindest herausgefordert zu reagieren. Sie können dann wiederum entweder fragend reagieren oder – wenn der Angreifer Recht hat – ihm Recht geben oder aber mit dem Aufzeigen seines Verhaltens um eine Klarstellung bitten.

Das Wichtigste ist, dass Sie so ehrlich wie nur irgendwie möglich zu Ihren Emotionen und Beobachtungen stehen. Versuchen Sie nicht, witzig zu sein, wenn Sie das nicht authentisch können. Je mehr Sie zu sich stehen, desto weniger kann Sie jemand anderer verletzen.

Fokussieren Sie in solchen Situationen auch immer auf das Sachliche! Stellen Sie sich das Gespräch wie einen Fluss vor, in dem unterschiedliche Gegenstände schwimmen. Stürzen Sie sich nicht auf alles in diesem Fluss, sondern nur darauf, was Ihnen sinnvoll und wichtig erscheint für die Weiterführung eines konstruktiven Gesprächs.

Kurz nochmals zusammengefasst: Achten Sie darauf, nichts als Angriff zu werten, was vielleicht nur unangenehme Kritik ist. Geben Sie Ihrem Angreifer Recht, wenn er Recht hat, aber rechtfertigen Sie sich nicht. Versuchen Sie nicht, zu schnell zu reagieren, und stellen Sie eher Fragen, damit sich der andere konkreter und sachlicher ausdrückt. Sprechen Sie das Verhalten des anderen an und stellen Sie klar, wenn das für Sie nicht in Ordnung ist. Konzentrieren Sie sich und somit das Gespräch auf die sachlichen und konstruktiven Inhalte.

„Ich weiß, ich kann das nicht so gut wie Sie!" – „Ich bin eben nicht so intelligent" oder „Ich brauche Sie unbedingt dazu, weil ich es alleine nicht schaffe!" Selbsterniedrigungen können für den anderen zum Problem werden, weil er damit automatisch erhöht wird. Das Spielchen heißt dann: „Du bist der Große, Starke und musst deswegen für mich da sein!" Bei vielen Menschen führt das dazu, dass sie kaum mehr Nein sagen können. Der Selbsterniedriger hat in diesem Spiel die Oberhand – auch wenn es nicht danach aussieht. Hier gilt es, hart zu bleiben und das Spiel nicht mitzumachen. Sie können das Verhalten des Selbsterniedrigers natürlich auch aufzeigen: „Ich finde, dass Sie sich hier zu Unrecht klein machen. Man könnte auch die Vermutung anstellen, dass Sie sich damit nur vor der Verantwortung drücken wollen."

Den Selbstwert wieder herstellende Verhaltensweisen

Rechtfertigungen sind etwas sehr weit Verbreitetes und meist leider sehr Sinnloses. Sie entspringen einem schlechten Gewissen oder sind die Reaktion auf einen persönlichen Angriff oder einer schlecht formulierten Kritik. Dabei versucht der Rechtfertigende von der Person, die ihn gerade in seinem Selbstwertgefühl angegriffen hat, eine Art Absolution zu bekommen. Im Sinne von: „Ich verstehe Sie doch." Das ist aber zweifach unsinnig: Einerseits weil damit der Täter (Angreifer) zum Richter erhoben wird, und andererseits weil der Rechtfertigende sich voll und ganz vom Angreifer abhängig macht. Er giert nach der Anerkennung dessen, der sie

ihm gerade eben und vielleicht in schlechter Absicht verweigert hat.
Rechtfertigungen liefern Sie der anderen Person völlig aus. Sie winseln quasi um Anerkennung und erhöhen so die Macht des anderen, der sie Ihnen nun gewähren oder versagen kann. Versuchen Sie, Rechtfertigungen zu unterlassen. Wenn Sie sich bei Rechtfertigungen ertappen, dann unterbrechen Sie sich selbst am besten mit folgenden Worten: „Ich merke, dass ich mich gerade rechtfertige und das unterlasse ich hiermit." Oder: „Wieso rechtfertige ich mich hier eigentlich?"
Manchmal ist es schwer, zwischen einer Erklärung oder Klarstellung und einer Rechtfertigung zu unterscheiden. Oft entscheiden darüber Stimmlage, Körperhaltung und Formulierungen. Ein einfacher Trick: Wenn Sie sich nur erklären möchten, was Ihre Intention bei einer bestimmten Handlung war, dann sagen Sie sinngemäß: „Die Erklärung für meine Entscheidung ist …" Fassen Sie sich dabei sehr kurz und laden Sie Ihren Gesprächspartner sehr schnell in einen Dialog ein mit der Frage: „Wie sehen Sie das?" oder „Hätten Sie anders gehandelt?"
Wenn Sie eine Rechtfertigung bei Ihrem Gesprächspartner wahrnehmen und Sie möchten ein gutes Gesprächsklima wahren, dann nehmen Sie dem anderen den Grund für seine Rechtfertigung. Irgendwie haben Sie das Selbstwertgefühl des anderen wohl verletzt. Achten Sie wieder darauf, dem anderen Respekt zu zollen

und kein Klima zu schaffen, in dem die Beteiligten zuerst um das Recht kämpfen müssen, als gleichwertige Partner miteinander reden zu können.

„Dieses Problem habe ich schon längst gelöst!" – „Hätten Sie mich doch einfach gefragt!" oder „Hier bin ich der Experte, also fragen Sie mich!" können als Selbstüberhöhungen empfunden werden. Auch wenn Sie gar nicht das Ziel haben, den anderen dadurch abzuwerten, fühlt sich dieser vielleicht klein gemacht. Der wirklich „Kleine" bei dieser Taktik ist allerdings der, der es notwendig hat, seine Größe hervorzuheben. Mein Reaktionstipp: Lächeln Sie innerlich und heben Sie den anderen noch eine Stufe höher: „Freut mich, wenn ich das nun weiß!" Auf die Dauer kann das natürlich mühsam für alle Beteiligten werden und braucht wohl mehr Sicherheit für den Selbstüberhöher, dass es gar nicht notwendig ist, ständig auf den eigenen Wert explizit hinweisen zu müssen.

Selbstüberhöhungen passieren oft auch unbewusst und nicht in schlechter Absicht. Hier sind vor allem diejenigen erwähnt, die ständig gute Ratschläge geben oder dazu neigen, mit jedem Halbwissen sofort einen ganzen Vortrag zu dozieren. Ratschläge sind auch Schläge, weil sie den anderen zum Hilfesteller machen. Vorträge, die niemand nachgefragt hat, machen die Zuhörer zu Schülern. Das kann verletzend sein! Sind Sie selbst mit solchen Selbstüberhöhern konfrontiert, dann überlegen Sie zuerst, ob Sie den anderen nicht vielleicht in seinem Selbstwert irgendwo angegriffen haben. Vielleicht braucht er jetzt einfach eine Art Ausgleich zu einer vorherigen Verletzung. Nehmen Sie dieses Verhalten nicht persönlich und kämpfen Sie gegen das Gefühl der Kleinheit. In Wahrheit sind nicht Sie derjenige, der klein ist, sondern derjenige, der es notwendig hat sich zu überhöhen.

Die schweren Dinge

Nein sagen und Grenzen ziehen

Nichts bringt zwei Nachbarn näher als ein hoher Zaun. Weiter gedacht könnte man sogar sagen, dass die wesentliche Herausforderung im Miteinander darin liegt, die richtige Distanz zueinander zu finden. Der größte Idiot ist noch erträglich, wenn er uns nicht zu nahe kommt, während sogar ein guter Freund im Urlaub im Doppelzimmer irgendwann zum Problem werden kann. In diesem Kapitel geht es um Grenzen. Nicht nur zwischen Menschen, sondern auch um Linien, die verschiedene Aspekte, Bereiche und Interessen voneinander unterscheiden beziehungsweise abgrenzen.

Die österreichische Organisationsberaterin Ruth Seliger schreibt in ihrem Buch „Das Dschungelbuch der Führung", dass eine der wesentlichen Aufgaben von Führungskräften darin liegt, Unterscheidungen zu machen. Sie müssen immer wieder zwischen gut und schlecht, akzeptabel und nicht akzeptabel, vereinbart und nicht vereinbart etc. unterscheiden können. Das gilt natürlich nicht nur für Führungspersonen. Jeder von uns trifft ständig die Entscheidung, ob er etwas mag oder nicht, ob etwas richtig oder falsch ist, ob etwas mit den eigenen Interessen übereinstimmt oder nicht. Mit einem Wort: Unterscheidungen zu machen heißt Grenzen ziehen.

Die emotionale und/oder sachliche Einschätzung, ob etwas passt oder nicht, ist nicht die Schwierigkeit. Schließlich wissen wir sehr schnell – fast instinktiv – wie wir etwas beurteilen. Wir treffen ständig Werturteile –

meist sogar unbewusst. Das Problem liegt vielmehr darin, diese Werturteile zu kommunizieren. Dabei aber möchten wir unser Gegenüber nicht verletzen oder wir scheuen oftmals auch die Reaktion auf unser Urteil.
Wir brauchen also eine Gesprächstaktik, die uns die Grenze hart ziehen lässt, aber dabei ein herzliches Klima ermöglicht. Der Trick: Den Vorteil für den anderen darstellen.
Ich möchte diese Taktik noch ausweiten und zwar auf alle vermeintlich schlechten Nachrichten für unseren Gesprächspartner: auf das klare Nein, die negative Kritik an seinem Verhalten oder sonstige Bekundungen unseres Willens, die der andere als unangenehm empfinden könnte. Sie können die folgende Taktik auch gegenüber Kunden anwenden, wenn Sie etwas Negatives kommunizieren müssen („Das Produkt ist leider nicht mehr verfügbar!" – „Der Kollege ist leider nicht mehr an seinem Platz" – „Wir können Ihnen leider keinen Rabatt gewähren" usw.).
In meinen Seminaren beginne ich dieses Thema üblicherweise mit folgender Aufgabe: „Sagen Sie mir, dass ich Mundgeruch habe!" Die meisten bieten mir dann einen Kaugummi an oder fragen mich, ob ich etwas Schlechtes gegessen hätte oder vielleicht Durst hätte. Fast niemand überbringt mir auch tatsächlich die schlechte Nachricht: „Sie haben Mundgeruch!" Damit ist die Aufgabe aber nicht erfüllt: Ich habe keinen Durst, möchte

keinen Kaugummi und habe auch nichts Schlechtes gegessen. Ich habe Mundgeruch! Wieso sagt mir das niemand?

Wie gesagt, der Trick liegt darin, dem anderen einen Vorteil in die schlechte Nachricht zu verpacken: Aber was könnte nun der Vorteil sein, den die Nachricht in sich birgt, dass ich Mundgeruch habe? Ganz einfach: „Sie haben Mundgeruch! Und ich dachte, es ist besser ich sage es Ihnen, bevor es den Kunden auffällt." Fast jede schlechte Nachricht hat einen Vorteil für den anderen. Manchmal muss man hier allerdings etwas kreativ sein. Wir wissen mittlerweile, wie wichtig unser Selbstwertgefühl ist. Wenn ich jemanden für etwas kritisiere, könnte das dazu führen, dass er sich im Vergleich zu mir schlechter fühlt. Somit gibt es noch eine andere Methode: Man macht sich nach dem Kommunizieren der schlechten Nachricht selbst ein wenig schlecht: „Sie haben Mundgeruch. Und ich bitte, dass Sie mir das auch sagen, sollte es Ihnen bei mir einmal auffallen. Ich kenne das nämlich nur zu gut." Damit habe ich dem Gegenüber gesagt, dass dieses Problem auch mich betreffen könnte – und somit ist er mit seiner „Schlechtigkeit" nicht mehr allein.

Das ist besonders dann wichtig, wenn Sie jemanden von etwas überzeugen möchten und die besseren Argumente haben. Sachlichkeit und Richtigkeit überzeugen vielleicht auf der Sachebene, aber wenn der Gesprächspartner zu viel an Würde (Selbstwertgefühl) verlieren könnte, gäbe er ihnen Recht, dann vermeidet er das oft. Kennen Sie die Situation, von jemandem bereits widerlegt worden zu sein, und dennoch können Sie ihm nicht Recht geben? Ich denke, jeder kennt das. Wenn ich Politiker für Wahlkämpfe vorbereite, sage ich immer wieder einen Satz: „Eine gewonnene Diskussion ist eine verlorene Stimme!" Kein Wähler möchte von einem Politiker auf Punkt und Komma widerlegt werden und nur hören, wo er überall Unrecht hat. Wir müssen auch immer ein bisschen Recht bekommen – oder zumindest Verständnis für unsere Anliegen ernten. Ich bringe diesen Gedanken dann meist so auf den Punkt: „Für all das Unrecht, das mir hier soeben bewiesen wurde, brauche ich ein bisschen Recht, um dieses Unrecht zu ertragen." Das heißt, Sie dürfen niemals nur beweisen, wo der andere überall falsch liegt. Sie müssen auch immer etwas finden, in dem er absolut Recht hat. Jemanden an die Wand zu stellen, indem Sie ihm keinen Spielraum mehr lassen, indem Sie ihm jedes Recht absprechen und all seine Äußerungen sofort widerlegen, führt dazu, dass diese Person nur mehr Sie als Person angreifen kann. Sie müssen Ihrem Gesprächspartner immer auch einen Spielraum geben. Ratten, in die Ecke gedrängt, springen Meter hoch! Menschen, in die Ecke gedrängt, können gewalttätig werden.

Einen Spielraum geben Sie sehr einfach mit folgender Taktik: Sie geben ihm aus einer anderen Perspektive

Recht. Beispielsweise haben Sie jemandem soeben bewiesen, dass seine Gehaltsforderung aus vielen Gründen keinerlei Berechtigung hat. Wenn Sie sehen, dass der andere sich sehr schwer tut, das zu akzeptieren, dann können Sie die Perspektive wechseln: „Ich habe Ihnen jetzt viele Gründe gesagt, warum ich Ihnen Ihre Gehaltsforderung nicht erfüllen kann. Diese Gründe waren alle aus meiner Perspektive. Aus Ihrer Sicht verstehe ich vollkommen, dass Sie das anders sehen müssen. Sie sind ja ein hervorragender Mitarbeiter, und da verstehe ich, dass Sie eine angemessene Entlohnung aus Ihrer Sicht wünschen." Dieses Verständnis für seinen Blickwinkel kann den Gesprächspartner wieder beruhigen. Sollte das noch nicht der Fall sein und er kontert mit: „Dann verstehe ich umso weniger, warum Sie mir nun die Forderung nicht erfüllen können. Schließlich haben Sie gerade gesagt, dass Sie mich verstehen!" In diesem Fall müssen Sie nun eine Grenze ziehen, eine klare Entscheidung treffen, was nun gilt: „Ich verstehe, was Sie sagen, aber ich kann deswegen noch keine Gehaltserhöhung akzeptieren, weil ich aus meiner Perspektive entscheiden muss." Hier haben Sie Unterscheidungen gemacht zwischen Verständnis und Akzeptanz, der Perspektive des Mitarbeiters und Ihrer. Wichtig ist, dass solche Grenzen wirklich klar gezogen werden. Sollten Sie hier unklar bleiben, erreichen Sie genau das Gegenteil: Der andere wird um seinen Standpunkt weiter kämpfen.

Ein Beispiel für eine unklar gezogene Grenze: Sie rufen zu später Stunde den Kellner an Ihren Tisch und möchten noch etwas bestellen. Dieser erwidert: „Ich kann Ihnen eigentlich nichts mehr bringen, weil wir an und für sich gleich Sperrstunde hätten." Der Konjunktiv und vor allem das Wörtchen „eigentlich" macht einen neuen Verhandlungsspielraum auf, und fast jeder wird nun sein Anliegen nochmals verstärken. Wenn Sie an der Grenze sind, dann wird nicht mehr verhandelt. Hier gilt es absolut hart und klar zu bleiben. Die Herzlichkeit ergibt sich aus dem Verständnis für das Anliegen, dem freundlichen Tonfall, möglichen Alternativen, die man der Person aufzeigt. Der Kellner hätte hart und herzlich sagen können: „Wir haben Sperrstunde. Deshalb kann ich Ihnen nichts mehr bringen. Aber ich kann Ihnen eine Bar in der Nähe empfehlen, in der Sie noch gemütlich den Abend ausklingen lassen können." Bei schlechten Nachrichten ist es wichtig, dass Sie das Gespräch *aktiv* führen. Sie sollten die schlechte Nachricht nicht einfach stehen lassen, nachdem Sie sie kommuniziert haben, sondern weiter sprechen.

Um beim Beispiel des Kellners zu bleiben, könnte das Gespräch wie folgt ablaufen: „Bringen kann ich Ihnen leider nichts mehr, weil wir schon Sperrstunde haben. Deswegen muss ich jetzt kassieren! Zahlen Sie zusammen oder getrennt?" – Das mag jetzt auf den ersten Moment und vor allem ohne eine freundlich-humorvolle

Betonung etwas komisch wirken, aber es funktioniert. Sie sollten die schlechte Nachricht nicht so lange im Raum stehen lassen, bis Ihre Gesprächspartner quasi etwas dagegen sagen *müssen*.

Ein Beispiel aus dem privaten Bereich: Ihre Tochter kommt das erste Mal Samstag nachts um einige Stunden zu spät nach Hause. Sie hat keine Nachricht hinterlassen, dass es später werden wird, und deshalb sind Sie wütend. Als sie endlich zur Tür hereinkommt, lassen Sie Ihrem Ärger freien Lauf und halten Ihre Standpauke. Nachdem Sie Ihrem Ärger Luft gemacht haben, sollten Sie ihr eine Möglichkeit geben, gut aus der Situation wieder herauszukommen – ohne, dass sie Sie angreifen muss! Enden Sie bloß mit Ihren Schimpftiraden, wird Ihre Tochter sich verteidigen müssen, ihr Vergehen relativieren oder vielleicht sogar ihrerseits angreifen. Sagen Sie aber zum Schluss: „So. Jetzt bin ich meinen Ärger losgeworden und ich möchte auch nicht, dass wir jetzt hier weiter machen. Wir schlafen jetzt darüber und reden morgen in aller Ruhe weiter." Dieser Satz ermöglicht ein Ende der Diskussion in einem Moment, in dem wahrscheinlich zu viele Emotionen im Raum stehen, als dass man noch vernünftig argumentieren könnte. Achten Sie darauf, dass Sie Ihrem Gesprächspartner einen Schlusspunkt in einer Auseinandersetzung ermöglichen, sodass er die Situation ohne verletzte Würde verlassen kann.

Als ich einmal von einem weltweit tätigen Lebensmittelkonzern zu einem Vortrag zum Thema „Gesprächsführung" eingeladen wurde, habe ich die hier beschriebenen Inhalte vorgestellt. Ich wies auch darauf hin, wie wichtig es ist, den Selbstwert des Gesprächspartners durch das Überbringen einer schlechten Nachricht nicht zu beschädigen. Im Saal waren Teilnehmer unterschiedlichster Nationalitäten versammelt. Unter anderem befand sich auch eine russische Delegation unter den Zuhörern. Diese Gruppe von vier Männern empfand ich während des Vortrags irritierend: nie ein Lächeln, kaum Blickkontakt und eine fast zornige Mimik. Für mich, der ich mit meinen Zuhörern sehr stark in Interaktion trete und sehr empfänglich bin für jede Art von offenem (!) Widerstand, war die Situation sehr schwer zu ertragen. Irgendwann hob plötzlich einer der Männer die Hand für eine Wortmeldung. „Endlich!", dachte ich. Der Mann sagte dann Folgendes: „Also bei uns in Russland können Sie das alles vergessen. Wenn Sie bei uns jemandem etwas sagen, dass ihn verletzt, dann haben Sie auch die Pflicht, seine Wut zu ertragen!"
Ich fand diese Aussage sehr interessant. Tatsächlich ist es nämlich so, dass wir oft zu ehrgeizig sind. Wir denken, alles getan zu haben, um beim anderen eine bestimmte Reaktion erwarten zu können. Aber wer sind wir, dass wir glauben, der andere müsse so reagieren, wie wir es erwarten? Hat der Russe nicht absolut Recht, wenn er

seinem Gegenüber Trauer, Irritation oder gar Zorn zugesteht, wenn wir ihm eine schlechte Nachricht überbringen? Wenn Sie jemanden trösten, der gerade einen sehr schlimmen Verlust erleiden musste, werden Sie ihm auch genau das geben, was Trauer nun einmal braucht: Zeit. Also: Überbringen Sie eine schlechte Nachricht klar und deutlich, versuchen Sie, die Verletzung des Gegenübers zu heilen, aber erwarten Sie nicht, dass der andere sofort wieder lächelnd vor Ihnen steht.

Dazu Beispiele:
A. Schlechte Nachricht
B. Inhaltliche Formulierung
C. Strategie

Beispiel 1:
A. Sie möchten einen Kunden unterbrechen, der mit einer höchst emotionalen Geschichte in Ihnen leider den Falschen angesprochen hat.
B. „Verzeihen Sie bitte, wenn ich Sie unterbreche, aber ich möchte verhindern, dass so etwas nochmals passiert. Dazu ist es am besten, Sie wenden sich direkt an …“
C. Die Unterbrechung hat einen Vorteil für den Kunden, weil er sich ein nochmaliges Erlebnis dieser Art ersparen wird.

Beispiel 2:

A. Sie können in einem Fall keinen weiteren Preisnachlass mehr gewähren.

B. „Ein nochmaliger Preisnachlass ist nicht möglich. Unsere Preise sind zu Ihrem Vorteil knapp kalkuliert. Vielleicht können wir Ihnen anders entgegenkommen?"

C. Die Preise sind für den Kunden gut kalkuliert. Da sich viele ausschließlich auf den Preis konzentrieren, wenden Sie das Thema hiervon ab.

Beispiel 3:

A. Die Kleidung Ihres neuen Kollegen entspricht nicht den Gepflogenheiten in der Firma.

B. „Ich rate Ihnen zu einem anderen Kleidungsstil. Sie bauen sich damit unnötige Barrieren auf."

C. Eine modischere Erscheinung erleichtert dem Kollegen die Arbeit.

Beispiel 3:

A. Sie möchten einem Freund kein Geld leihen.

B. „Ich werde dir das Geld nicht leihen. Ich möchte nicht dein Gläubiger werden, sondern dein Freund bleiben."

C. Sie heben die Freundschaft über den Gefallen.

Beispiel 4:

A. Sie können Ihrem Freund bei der Übersiedelung zu dem festgesetzten Termin nicht helfen.

B. „Ich kann dir leider nicht helfen, weil ich genau dieses Wochenende etwas anderes vorhabe, das ich nicht verschieben kann."
C. Sie führen einen guten Grund an. Sind aber in der Aussage sehr klar.

Beispiel 5:
A. Das vom Kunden verlangte Produkt ist leider nicht mehr lagernd.
B. „Dieses Produkt ist nicht mehr lagernd. Ich kann es Ihnen bestellen oder Ihnen ähnliche Produkte zeigen."
C. Sie bieten eine Alternative und zeigen Bemühen.

Beispiel 6:
A. Das Produkt fällt nicht mehr unter die Garantie.
B. „Leider ist die Garantie schon abgelaufen. Das ist wirklich ärgerlich, aber ich kann da leider nichts ändern."
C. Sie teilen den Ärger des Kunden.

Beispiel 7:
A. Im Restaurant ist kein Platz mehr frei.
B. „Leider haben wir keinen Platz mehr frei. Ich gebe Ihnen hier unsere Karte, dann können Sie das nächste Mal vorher anrufen oder einen Tisch reservieren, damit Ihnen das nicht noch einmal passiert."
C. Sie geben einen Tipp fürs nächste Mal, der dem Kunden Ärger erspart.

Beispiele für Grenzen/Unterscheidungen:
A. Unterscheidung
B. Inhaltliche Formulierung
C. Strategie

Beispiel 1:
A. Privates – Berufliches
B. „Ich verstehe und respektiere Ihre private Situation, die mir in diesem Fall auch leid tut, aber verstehen Sie bitte, dass ich das für die Beurteilung Ihrer Arbeit jetzt nicht gelten lassen kann."
C. Zeigen Sie viel Verständnis für private Sorgen und Probleme, aber lassen Sie nicht zu, dass langfristig nachhaltig dadurch berufliche Aufgaben vernachlässigt werden.

Beispiel 2:
A. Verhalten – Person
B. „Meine Kritik zielt nicht auf Sie als Person ab, weil ich Sie sehr schätze. Bitte nehmen Sie das nicht persönlich, sondern verstehen Sie, dass ich hier nur dieses Verhalten kritisiere, das ich so nicht gut finde."
C. Werden Sie nicht persönlich und die ganze Person verurteilend (sagen Sie nicht: „Sie sind …", sondern „Sie haben etwas getan, dass ich nicht gut finde, weil …".)

Beispiel 3:
A. Kosten – Nutzen

B. „Es gibt vieles, das ich an Ihnen schätze und was Sie wirklich gut machen. Die Dinge, die mit denen ich aber nicht einverstanden bin, sind mittlerweile so viele, dass das Gleichgewicht nicht mehr stimmt."
C. Anerkennen Sie das Positive, aber ziehen Sie die Grenze, wenn der Preis dafür zu hoch wird.

Beispiel 4:
A. Sagen – Tun
B. „Sie haben nun zum wiederholten Male gesagt, dass Sie das ändern werden. Sie tun aber nicht, was Sie sagen. Das zerstört das Vertrauensverhältnis. Was schlagen Sie vor?"
C. Gesagt ist nicht getan. Konfrontieren Sie den Mitarbeiter ganz direkt mit dieser Beobachtung und binden Sie ihn in die Lösung („Was soll ich nun tun?") ein.

Beispiel 6:
A. Sache – Beziehung
B. „Ich glaube nicht, dass das, was Sie sagen, das wahre Problem ist. Ich denke, dass wir ein Problem miteinander haben. Was stört Sie an unserer Zusammenarbeit?"
C. Sehr oft werden für Probleme, die die Beziehung zweier Menschen betreffen, sachliche Gründe vorgeschoben. Sprechen Sie die wahren Probleme an.

Beispiel 7:

A. Verständnis – Akzeptanz

B. „Ich verstehe, was Sie sagen, aber ich kann es dennoch nicht akzeptieren."

C. Manchmal müssen Sie Dinge akzeptieren, ohne sie zu verstehen, und manchmal ist es genau umgekehrt.

Beispiel 8:

A. Wertekonform – nicht wertekonform

B. „Ich respektiere, dass Ihnen das wichtig ist. Allerdings sind unsere Wertigkeiten andere."

C. Werte sind unterschiedlich. Respektieren Sie die Werte des anderen, aber geben Sie klar zu erkennen, nach welchen Sie entscheiden.

Wie gehen wir vor?

Gesprächssteuerung

Im Alltag haben wir sehr oft keinen offiziellen Gesprächsleiter. Wir reden dann einfach drauf los, und jeder gibt sehr schnell seine Meinung zum Thema wieder. Dann folgt der oft mühsame Kampf darum, wer nun Recht hat oder nicht – bevor man überhaupt miteinander nachgedacht und voneinander gelernt hat. Meiner Meinung nach sollte jedes Gespräch moderiert werden. Je schwieriger, komplexer, konfliktbeladener und dichter ein Thema ist, desto mehr sollten sich die Gesprächsteilnehmer zu Beginn darüber besprechen, wie sie vorgehen werden. Ist ein Thema besonders schwierig, dann muss jedenfalls jemand offiziell die Moderation übernehmen. Bei ganz komplexen Gesprächen ist auch an eine externe Moderation zu denken: Dann sollte jemand die Sitzungsleitung übernehmen, der inhaltlich vollkommen unbefangen ist und sich ausschließlich um den Prozess sorgt.

Aber beginnen wir zunächst einmal allgemein damit, was Moderation eigentlich bedeutet.

Das Wort *Moderation* kommt aus dem Lateinischen und bedeutet „Mäßigung, Lenkung“. Oft hat die Moderation aber auch genau die gegenteilige Aufgabe, nämlich die Diskussion in Gang zu bringen, also geradezu zu provozieren.

Ich bezeichne den Moderator gern als den „Aufmerksamkeitsmanager“. Er ist derjenige, der darauf achtet, dass die Aufmerksamkeit der Teilnehmer dorthin geht, wo es Sinn hat, nämlich Beiträge zur Lösungsfindung zu generieren. Sehr oft drehen sich Gespräche um die Vergangenheit, die Schuldfrage oder einfach nur um die Darstellung des Problems durch alle Beteiligten. Manchmal kann es natürlich sinnstiftend sein, wenn alle einmal kurz jammern dürfen. Gerade in schwierigen Situationen muss man den negativen Gefühlen und der individuellen Betroffenheit Raum geben. Aber wenn der Moderator merkt, dass die Wortmeldungen weder den Zweck haben, ein schlechtes Gefühl zu verarbeiten, noch der Lösung näher zu kommen, muss er einschreiten.

Das Hauptproblem bei Gesprächen im beruflichen Alltag ist, dass sie oft zwischen Tür und Angel und unvorbereitet stattfinden. Dabei ist der Rahmen eines Gespräches ungemein wichtig! Wenn ein Mann einer Frau einen Heiratsantrag macht, dann ist der Inhalt des Gespräches sehr simpel und reduziert sich auf die Frage: „Willst du meine Frau werden?“ Da dies aber eine sehr wichtige Frage ist, bereitet sich der Mann vor. Er überlegt sich wann, wie und wo er diese wichtige Frage stellen wird. Bei wichtigen Gesprächen sollte es ähnlich sein. Nicht einfach drauf losreden, sondern sich im Vorfeld, während des Gesprächs und danach sollten bewusste Überlegungen angestellt werden, was die richtige Vorgangsweise ist.

Die Aufgaben der Moderation

Eine gute Moderation beginnt schon vor dem Gespräch. Dabei gilt es, folgende Schritte zu beachten:

- Der Ort des Gesprächs
- Der richtige Zeitpunkt
- Das Zeitbudget
- Die räumlichen Gegebenheiten
- Die einzuladenden Teilnehmer
- Die inhaltliche Vorbereitung
- Die Einladung zum Gespräch
- Die Rollen- und Aufgabenverteilung vor und während des Gesprächs
- Die Gesprächssteuerung
- Die Planung der weiteren Schritte
- Das Protokoll

Der Ort des Gesprächs

Grundsätzlich gilt: Je schwieriger das Gespräch wird, desto entfernter von dort, wo die Schwierigkeiten entstanden sind, sollte es auch stattfinden. Nicht umsonst finden Strategie-Sitzungen meist nicht im Unternehmen selbst statt. Will man weit sehen, muss man den Kopf heben. Dann darf man sich nicht um jedes Steinchen am Weg kümmern. Will man strategisch weitblickende Themen diskutieren, muss man weg von den Steinchen am Weg (störende Telefonate, eingehende E-Mails, kurz einmal zum Schreibtisch, Mitarbeiter, die nur schnell eine Frage haben und ins Meeting platzen usw.). Da oft die Moderation entweder gar nicht vorhanden oder sehr schlecht ist, wird in den offiziellen Meetings nicht wirklich miteinander kommuniziert, sondern erst beim entspannten Bier am Abend. Deswegen hat eine Klausur durchaus Sinn – die Teilnehmer also „einzusperren“ und an Orte zu bringen, wo man am Abend nicht wegkommt, sondern auch noch beisammen sitzt oder zumindest auf dem Zimmer die Inhalte des Tages ungestört nochmals Revue passieren lassen kann.

Der richtige Zeitpunkt

Wenn wir uns den Zeitpunkt eines Meetings aussuchen können, dann sollte er danach gewählt werden, wann die Teilnehmer den Kopf am ehesten frei haben. Also nicht gerade im ärgsten Stress oder zwischen anderen wichtigen Deadlines. Zumeist wird der Termin ein Kompromiss aus den zeitlichen Verfügbarkeiten der Teilnehmer sein.

Das Zeitbudget

Gewöhnen Sie sich an, Meetings immer mit einem Endzeitpunkt zu planen und durchzuführen. Open Ends sind lästig. Für alle. Sie demotivieren und führen dazu, dass die Sitzung am Ende ausleiert. Das vereinbarte Zeitbudget ist auch ein wunderbarer Erfolgsindikator für den

Verlauf der Sitzung: Schaffen wir es auf diese Art und Weise zum vereinbarten Ziel zu kommen? Müssen wir etwas ändern, damit wir es schaffen, und wie gehen wir vor, wenn wir mit der Zeit nicht auskommen?

Die räumlichen Gegebenheiten

Da die Moderation die Aufmerksamkeit der Teilnehmer managen soll, ist es wichtig, dass es einen zentralen Fokus dafür gibt. Dafür eignet sich ein Flipchart oder eine Beamerleinwand, aber auch weniger technisch aufwändige Dinge, wie ein Stuhlkreis, in dessen Mitte der Raum ist, in den man seine Beiträge liefert. Grundsätzlich gilt für die Sitzordnung, dass möglichst alle Teilnehmer gleichwertig sein sollten. Schlecht sind Schulbestuhlungen (Sitzreihen), in denen sich die Teilnehmer jeweils auf den Rücken schauen und die gesamte Konzentration auf einen Einzelnen gerichtet ist wie im Frontalunterricht. Wozu laden Sie Teilnehmer in eine Sitzung, wenn Sie keinen Wert auf deren Beiträge legen? Je demokratischer die Entscheidungsfindung ablaufen soll, desto gleichwertiger soll gesessen werden: ein Sesselkreis ohne Tische ist die offenste Form der Bestuhlung für eine Diskussion. Eine U-Form mit oder ohne Tische hilft dem Moderator, sich eine gute Position zu verschaffen, weil er sich dann auf die offene Seite des Us setzen oder stellen und sich frei zu und von den Teilnehmern weg bewegen kann. Das hilft bei der Ge-

sprächssteuerung sehr, weil er die Aufmerksamkeit zu den sprechenden Personen lenken kann. Beispiel: Zwei Teilnehmer tuscheln unentwegt miteinander. Der Moderator bewegt sich langsam auf die beiden zu, ohne ein Wort über die beiden zu verlieren. Sobald er – hoffentlich – die Aufmerksamkeit der Diskutanten hat, fühlen sich die beiden nun plötzlich beobachtet und stellen meist das Geschwätz ein. Beliebt sind heutzutage auch sogenannte Kaffeehaus-Bestuhlungen. Dabei werden kleine Grüppchen mit Stühlen und einem gemeinsamen Tisch im Raum verteilt. Das erspart bei kurzen Gruppenarbeiten oder -diskussionen das oft langwierige Zusammenstellen von Untergruppen.
Weiters sollte der Raum genügend Moderationsmaterial bereithalten: Pinnwände, Kärtchen, Stifte, Post-Its, Flipcharts etc.
Bedenken Sie auch die Atmosphäre des Raumes! Wenn sie als unangenehm empfunden wird, lässt sich mittels Musik und Licht arbeiten. Ich spiele bei meinen Moderationen in der Pause immer Musik. Das zeigt allen an, dass nun Pause ist und gleichzeitig – wenn ich die Musik abdrehe –, wann weiter gearbeitet wird. Musik hilft auch bei der kurzen Entspannung vom Gespräch davor.
Auch Luft und Licht sind nicht zu unterschätzen. Drehen Sie nach dem Einschalten des Beamers oder des TV-Gerätes keineswegs das Licht ab. Die Geräte sind heutzutage meistens stark genug, um auch bei norma-

lem Licht alles gut sichtbar an die Wand zu projizieren. Gedämpftes Licht macht müde. Schlechte Luft ebenso.

Die einzuladenden Teilnehmer

Geschäft ist auch Politik. Und Politik ist oft nicht effizient. Also sitzen oft Personen in Besprechungen, die nicht da sein wollen, aber aus irgendeinem oft nicht nachvollziehbaren Grund anwesend sind. Wer in einem Meeting ist, muss mitarbeiten. Sonst soll er gehen. Schweigende Teilnehmer demotivieren diejenigen, die sich einbringen. Rechnen Sie sich einmal alle Kosten eines ineffizienten Meetings aus: zehn Personen sitzen für zwei Stunden ergebnislos in einer Sitzung. Das sind 20 Arbeitsstunden, die jeder von ihnen für seine eigentliche Tätigkeit aufwenden hätte können. Sehr unwirtschaftlich! Machen Sie den Teilnehmern gleich zu Beginn klar (oder noch besser gleich in der Einladung), dass es Arbeit bedeutet, in einer Besprechung zu sein.
Achten Sie auch darauf, dass die wichtigen Expertisen und Perspektiven vor Ort anwesend beziehungsweise verfügbar sind. Damit meine ich, dass man sich im Vorfeld gut überlegen sollte, welches Fachwissen man brauchen wird, und wer demzufolge dabei zu sein hat. Es muss ja nicht jeder die ganze Zeit über anwesend sein, sondern wird vielleicht nur zu einem bestimmten Punkt eingeladen beziehungsweise in der Firma dann vom Arbeitsplatz geholt.

Die inhaltliche Vorbereitung

Nicht vorbereitete Teilnehmer kosten nur Zeit und Geld. Sehr oft passiert das meiner Erfahrung nach bei Mitarbeitergesprächen. Viele Unternehmen verwenden dieses prinzipiell sehr sinnvolle Instrument der Führung. In vielen Organisationen verkommt das Mitarbeitergespräch aber zu einer Pro-Forma-Veranstaltung, weil sich niemand im Vorfeld wirklich Gedanken gemacht hat, was alles zu besprechen ist. Mein Tipp: Wenn Sie bemerken, dass das Gespräch an der Vorbereitung scheitert, dann brechen Sie es ab und vereinbaren Sie einen neuen Termin. Das wirkt Wunder! Tun Sie es nicht, dann zeigen Sie dem Mitarbeiter (wenn Sie in diesem Beispiel die Führungskraft sind), dass sie auf dieses Instrumentarium keinen Wert legen. Und schon ist das Mitarbeitergespräch reine Zeitverschwendung. Brechen Sie es ab mit den Worten: „Lieber Herr X, ich merke, dass Sie sich zu Ihren Zielen und dem Feedback sehr wenig Gedanken gemacht haben. Da mir Ihre Überlegungen aber wichtig sind, breche ich an der Stelle ab und bitte Sie, das nächste Mal besser vorbereitet zu sein. Ansonsten werden wir keine wahrhaftigen Ziele vereinbaren können."

Sagen Sie den Teilnehmern im Vorfeld, was Sie vorzubereiten haben. Wenn nur jeder ein paar Ideen für mögliche Lösungen hat, dann haben Sie ein Reservoir an Lösungsbeiträgen, aus denen Sie während der Sitzung schöpfen können.

Manchmal ist auch ein Fragebogen, den Sie im Vorfeld an alle schicken, sinnvoll. So muss sich jeder einbegleitend Gedanken machen, und der Moderator kann sich besser vorbereiten.

Mögliche Vorbereitungsfragen könnten sein:

- Was erwarten Sie sich von dem Meeting?
- Welche Themen möchten Sie besprechen?
- Welche Lösungsansätze haben Sie?
- Was könnte Ihr Beitrag bei diesem Projekt sein?
- Welche Befürchtungen haben Sie?

Überlegen Sie sich auch im Vorfeld, wo mögliche Konflikte auftauchen könnten und wie Sie dann – wenn Sie Moderator sind – vorgehen werden.

Die Einladung zum Gespräch

Eine Einladung im Stile von „Kommen Sie einmal schnell zu mir!" macht das, was da kommen wird, nicht sehr wichtig. Geben Sie den Teilnehmern gleich mit der Einladung wesentliche Informationen wie: Worum wird es gehen? Wie lange werden wir brauchen? Was wollen wir damit erreichen? Was soll sich jeder vorbereitend überlegen? Achten Sie dabei darauf, dass Sie die Teilnehmer sehr schnell in die Verantwortung bringen, damit meine ich, dass es sich oft auszahlen würde, wenn jeder in die Sitzung bereits mit konkreten Vorschlägen kommt. Eine solche Einladung fördert auch die Aktivierung der Teilnehmer. Wer sich schon etwas überlegt hat, will das meistens dann auch präsentieren. Das erhöht die Aktivierung während der Besprechung.

Die Rollen- und Aufgabenverteilung vor und während des Gesprächs

Ein guter Trick für effiziente Sitzungen ist auch, den Teilnehmern einzelne Rollen entweder schon in der Vorbereitung oder gleich zu Beginn des Meetings zu geben. Mögliche Rollen sind:

- der Zeitkontrollor, der darauf achtet, dass die Zeiten eingehalten werden (Pausen, Redezeiten, Arbeitszeiten und Ähnliches)
- der Protokollführer, der die Ergebnisse zusammenfasst und festhält
- der Organisator, der für die Rahmenbedingungen verantwortlich ist (Getränke, Tischreservierungen für die Mittagspause, etc.)

Sie können auch taktisch verdeckte Rollen vergeben. Wenn Sie beispielsweise nicht als Moderator selbst ein bestimmtes Thema zur Sprache bringen oder sicherstellen möchten, dass Sie zumindest einer bei einem Anliegen unterstützt, dann vereinbaren Sie das im Vorfeld.

Die Gesprächssteuerung

Das ist sicherlich die wichtigste und schwierigste Aufgabe eines Moderators. Seine beiden Hauptinstrumente hierfür sind Fragen und Zusammenfassungen. Wer fragt, der führt, ist eine alte und richtige Weisheit. In Ihrer Rolle als Moderator sind Sie nicht verpflichtet zu antworten, sondern dazu, zielführende Fragen zu stellen. In besonders schwierigen Situationen können Sie mittels Fragen auch die Verantwortung für den Fortschritt des Meetings an die Gruppe zurückspielen.

Die wichtigsten Fragen für den Moderator:

- Was bedeutet Ihre Wortmeldung nun für die Frage unseres Meetings konkret?
- Worin haben Sie nun dem Teilnehmer X genau widersprochen?
- Unter welchen Umständen wäre für Sie eine Änderung Ihres Standpunktes denkbar?
- Was dürfen wir nun konkret fürs Protokoll festhalten?
- Was, glauben Sie, denkt X darüber? (zum Beispiel die Kunden, andere Kollegen, die Geschäftsleitung, etc.)
- Welchen Vorschlag haben Sie, wie wir nun weiter machen sollen?
- Was verstehen Sie konkret unter …?
- Können Sie Ihre Wortmeldung in einem Satz formulieren?
- Verstehe ich Sie richtig, dass …?

Neben Fragen gehören ständige Zusammenfassungen des bisher Besprochenen zum Job des Moderators. Bieten Sie solche Zusammenfassungen als Zwischenergebnisse der

Besprechung an: „Darf ich Ihre Wortmeldung/die bisherige Diskussion wie folgt zusammenfassen …?“
Mit den Zusammenfassungen verdichten Sie das Ergebnis der Besprechung und können somit auch auf bestimmte Punkte hinsteuern: „Die Frage, wegen der wir hier zusammensitzen, ist …“ – „Wenn ich Sie hier richtig verstanden habe, dann haben wir bisher folgende Zugänge zum Thema …“ Damit kommen Sie wieder auf den Kern des Themas. Gleich wichtig wie das, was Sie zusammenfassen, ist auch das, was Sie weglassen. Hier liegt nämlich der Manipulationsspielraum des Moderators. Was Sie als Moderator nicht offiziell machen, ist es meist auch nicht!
Sehr wichtig ist der Beginn der Moderation. Sie sollten, bevor Sie mit der inhaltlichen Diskussion beginnen, zunächst immer die Agenda und den Rahmen klären. Aus meiner Erfahrung als Moderator und Trainer weiß ich aus hunderten Beispielen, dass die natürliche Veranlagung der Teilnehmer immer dahin geht, sofort mit dem Meinungsaustausch zu beginnen. Das mag manchmal gut sein, aber zumeist rächt es sich in der Mitte oder gegen Ende der Besprechung, wenn kein ordentlicher Gesprächsrahmen abgesteckt wurde. Sie können sich den Gesprächsrahmen wie einen kleinen Ehevertrag vorstellen. Noch bevor etwaige Emotionen ins Spiel kommen, wird abgeklärt, *wie* man denn eigentlich vorgehen möchte und was der Sinn des Meetings ist.

Folgende Punkte sollten vor jeder Besprechung als Rahmen geklärt werden:

- Was ist das Ziel der heutigen Besprechung?
- Welche Themen möchten wir behandeln?
- In welcher Reihenfolge besprechen wir die Themen?
- Wann möchten wir mit der inhaltlichen Diskussion fertig sein, um die weiteren Schritte zu planen?

Natürlich kann man sich zu Beginn auch noch auf Regeln der Diskussion einigen. Erfahrungsgemäß werden viele von diesen aber in der Hitze des Gefechtes „vergessen". Sie könnten sich aber jedenfalls darauf verständigen, Laptops und Handys abzudrehen (oder auf leise zu schalten und nur außerhalb des Raumes zu telefonieren).

Wenn Sie erwarten, dass die Entscheidungsfindung schwierig sein wird, dann kann es auch sinnvoll sein, am Beginn genaue Kriterien festzulegen, um zum Ziel zu kommen. Wenn Sie zum Beispiel die Auswahl eines neuen Mitarbeiters besprechen und entscheiden möchten, dann sammeln Sie zunächst, welche Anforderungen dieser Mitarbeiter erfüllen soll. Sie können die Kriterien auch nach Relevanz reihen. Das Wichtige dabei ist, dass sich alle Teilnehmer auf diese Kriterien einigen. Der Vorteil für die Moderation ist es, sich als Gesprächsführer bei der Diskussion auf diese Kriterien berufen zu können: „Wir haben uns alle zu Beginn der Sitzung darauf geeinigt, dass … Da dieses Kriterium bei Ihrem Beitrag nicht erfüllt ist, bitte ich Sie, zu akzeptieren, dass wir Ihren Einwand für die Entscheidung nicht berücksichtigen können."

Wichtig in jeder Sitzung ist, dass ein einmal erzieltes Ergebnis nicht einfach wieder verworfen wird! Sonst werden Sie sich immer wieder am Ausgangspunkt befinden. Wenn also jemand ein akkordiertes Ergebnis wieder in Frage stellt, dann fragen Sie zuerst alle Teilnehmer, ob sie damit einverstanden sind, wenn das Thema noch einmal diskutiert wird. Das hat meistens nur dann einen Sinn, wenn sich die Rahmenbedingungen verändert haben oder die Entscheidung ohne eine wesentliche Information getroffen wurde.

Zwei holländische Kommunikationswissenschaftler haben zehn Regeln aufgestellt, die eine Diskussion so sachlich wie möglich ablaufen lassen würden (10 Diskussionsregeln von van Eemeren und Grootendorst; aus: Vernünftig argumentieren von Manfred Kienpointner). Sie sind wahrlich sehr theoretisch, weshalb ich sie jeweils mit meinen praktischen Erfahrungen kommentieren möchte:

Die Argumentierenden dürfen einander nicht hindern, Standpunkte vorzubringen oder Standpunkte zu bezweifeln.

Kommentar: Das klingt sehr logisch und einfach zu bewerkstelligen. Allerdings ist selbst diese Regel in der Praxis gar nicht so einfach durchzusetzen. Insbesondere, wenn an der Besprechung Personen aus unterschiedlichen Hierarchien teilnehmen oder solche, die aufgrund ihres Verhaltens nicht ganz so viel Aufmerksamkeit erhalten. Dann muss der Moderator ständig darauf achten, dass auch tatsächlich jeder zu Wort kommen kann und alles bezweifelt werden darf. Hilfreiche Methoden sind hier das *Blitzlicht* und die *Rednerliste* (siehe unten).

Wer einen Standpunkt vorbringt, ist verpflichtet, ihn zu verteidigen, wenn er oder sie gebeten wird, dies zu tun.
Kommentar: Diese Regel halte ich für sehr wichtig. Gerade provokante Sitzungsteilnehmer neigen dazu, einfach etwas „in den Raum zu stellen", um sich dann dran zu laben, wie sich alle an der Provokation die Zähne ausbeißen. Mein Tipp: Holen Sie den provokanten Teilnehmer immer wieder in die Verantwortung, auf das von den anderen Geäußerte einzugehen und seinen Standpunkt neu zu verteidigen.

Ein Widerlegungsversuch muss sich auf denjenigen Standpunkt beziehen, der tatsächlich von der Gegenpartei in der Diskussion geäußert worden ist.
Kommentar: Hier wird darauf hingewiesen, dass in Besprechungen manchmal nicht alles auf den Tisch kommt. Sehr oft wird die Person als solche oder ihre früheren Äußerungen angegriffen und nicht das, was sie tatsäch-

lich im Rahmen dieser Besprechung gesagt hat. Fragen Sie den Teilnehmer immer wieder, worauf er sich ganz konkret bezieht.

Ein Standpunkt darf nur dadurch verteidigt werden, dass man Argumente für den Standpunkt vorbringt.
Kommentar: Diese Regel halte ich zwar für gut, gleichzeitig aber für sehr unrealistisch. Dennoch wird ein Gegenstandpunkt nicht automatisch besser, nur weil ein anderer Standpunkt in vielerlei Hinsicht angegriffen werden kann. Mein Tipp: Sollten im Diskussionsverlauf vor allem Standpunkte angegriffen, aber nicht verteidigt werden, dann machen Sie das den Teilnehmern bewusst mit der Frage: „Was spricht denn jetzt dafür?"

Eine Person ist verpflichtet, zu den Voraussetzungen (=Prämissen) zu stehen, die er oder sie implizit zum Ausdruck gebracht hat. Umgekehrt dürfen den Kontrahenten nicht Prämissen unterstellt werden, die sich aus deren Äußerungen gar nicht entnehmen lassen.
Kommentar: Hiermit sind allgemeine Annahmen gemeint, die oft als Argumente herhalten müssen wie: „Wir als offenes Unternehmen müssen dieses Projekt so durchführen!" Hier wird ein Projekt damit verteidigt, dass das Unternehmen „offen" ist. Diese Offenheit als Prämisse muss selbst wieder begründet werden. Erst durch die Begründung und Einigung im Rahmen der Besprechung wird klar, was darunter überhaupt zu ver-

stehen ist und ob sich die Diskutanten tatsächlich darauf einigen können, ein „offenes“ Unternehmen zu sein.

Eine Prämisse darf nicht fälschlich als gemeinsam akzeptierter Ausgangspunkt hingestellt werden, und umgekehrt darf eine Prämisse, die gemeinsam akzeptiert ist, nicht zurückgewiesen werden.
Kommentar: Wird eine solche allgemeine Annahme („offenes“ Unternehmen) verworfen, dann darf sie nun auch nicht mehr als Begründung herangezogen werden. Solche Unterstellungen herauszuhören, erfordert vom Moderator sehr viel Aufmerksamkeit!

Ein Standpunkt darf nicht als hinreichend gerechtfertigt angesehen werden, wenn die Rechtfertigung nicht durch ein plausibles und korrekt angewendetes Argumentationsmuster erfolgt.
Kommentar: Das ist wiederum eine sehr schwer durchsetzbare Regel. Was ist denn plausibel und korrekt? Allein diese Frage könnte zu stundenlangen Diskussionen führen. Dennoch: Der Moderator sollte den Argumentationen sehr genau zuhören. Hier möchte ich auf das Kapitel „Analytisches Zuhören“ (Seite 108) verweisen.

Die Argumentationsmuster müssen logisch gültig sein oder zu logisch gültigen Schlussfolgerungen ergänzt werden können (durch das Explizitmachen von indirekt unterstellten Prämissen).
Kommentar: Ein Beispiel zur leichteren Verständlichkeit dieser Regel: „Alle Vögel können fliegen. Da der Strauss

ein Vogel ist, kann er auch fliegen." Das ist zwar eine logisch aufgebaute Argumentation, aber dennoch falsch, weil die Grundannahme („Alle Vögel können fliegen") schon nicht korrekt war. Deswegen ist es wichtig, analytisch den Aufbau einer Argumentation zu kontrollieren. Das einfachste ist, wenn der Moderator ein Statement nochmals zusammenfasst. Dabei werden unlogische Schlüsse am einfachsten entlarvt.

Wenn die Rechtfertigung eines Standpunktes nach den obigen Regeln korrekt erfolgt ist, muss die Person, die den Standpunkt in Zweifel gezogen hat, ihn nun akzeptieren; wenn die Rechtfertigung nicht gelungen ist, muss die Person, die den Standpunkt vertreten hat, ihn nunmehr zurücknehmen.
Kommentar: In der Praxis scheitert diese Regel dann, wenn die Person zu viel an Selbstwert einbüßen würde, wenn sie den Standpunkt tatsächlich offiziell zurückziehen müsste. Hier ist sehr viel Fingerspitzengefühl vom Moderator gefragt, um den Rückzug eines Standpunkts nicht wie eine persönliche Niederlage einer Person aussehen zu lassen. Der Trick: Man verkauft die Einigung als ein Produkt aller, die sich an der Diskussion beteiligt haben, und fokussiert somit auf das gemeinsam Erreichte und nicht auf die trennenden Unterschiede.

Die Formulierung der Argumentation darf weder ungenau noch mehrdeutig sein, und die Gesprächsteilnehmer müssen gegenseitig

ihre Formulierungen so sorgfältig wie möglich interpretieren.
Kommentar: Diese Regel halte ich für äußerst wichtig. Sie erfordert beim Moderator sehr viel Mut, die Beiträge der Teilnehmer auch konkret zu verstehen. Ich persönlich frage immer so lange nach, bis ich ein Statement auch wirklich verstanden habe, und mache die Erfahrung, dass das sehr zur Klärung beiträgt und mich nicht als dumm hinstellt. Im Gegenteil: Wenn ich als aufmerksamer Moderator etwas nicht verstanden habe, dann bin ich mir sicher, dass es im Raum noch anderen so ergangen ist. Die sind dann meist dankbar, dass ich als Moderator zum allgemeinen Verständnis beitrage.

Moderationstechniken

Neben Fragen und Zusammenfassungen gibt es eine Reihe von Moderationstechniken, von denen ich Ihnen hier ein paar sehr einfach umzusetzende vorstellen möchte:

Blitzlicht

Das Blitzlicht ist eine Statement-Runde: Jeder Teilnehmer wird der Reihe nach zu einer konkreten Fragestellung zu Wort gebeten. Wichtig ist, dass nicht diskutiert werden darf! Sonst verliert das Blitzlicht den Effekt, dass jeder ungestört zu Wort kommen kann. Wenn sich jemand unbedingt zu Wort melden will, obwohl er gar nicht an der Reihe ist, dann notieren Sie diese Wortmeldung und sagen Sie ihm, dass Sie ihn anschließend um sein Statement bitten werden.

Abstimmungen

Abstimmungen sind beliebt, weil damit vermeintlich ein schnelles Ergebnis erzielt wird. Das Problem dabei ist aber, dass sie Gewinner und Verlierer schafft. Besser ist es natürlich, ohne Abstimmung zu einem Konsens zu kommen, weil dann jeder einen Beitrag geleistet hat und die Identifikation mit dem Ergebnis erheblich größer ist. Eine weitere Herausforderung bei Abstimmungen ist, die richtigen Fragen und die richtige Reihenfolge der abzustimmenden Punkte zu finden. Achten Sie darauf, dass Sie die abzustimmende Frage für alle sehr konkret und verständlich formulieren. Dann überlegen Sie sich sehr gut, welche Frage zuerst abgestimmt werden muss. Prinzipiell gilt die Regel, dass das Weitestreichende (Prinzipielle) vor dem Detaillierteren abgestimmt werden muss.

Pünktchen-Bewertung

Eine bessere Methode, um zu Entscheidungen zu gelangen, ist die Pünktchen-Bewertung. Sie notieren die Möglichkeiten, die Sie sich im Dialog erarbeitet haben, für alle sichtbar auf einer Pinnwand oder auf dem Flipchart. Jeder Teilnehmer erhält nun eine bestimmte Anzahl von

Stimmen, die deutlich weniger sein muss als die Zahl der Auswahlmöglichkeiten. Dann bitten Sie um die Stimmabgabe. Jeder kann nun seine Pünktchen nach seiner Präferenz verteilen.

Entscheidungsmatrix

Das Ausfüllen der Entscheidungsmatrix ist im Grunde schon die gesamte Moderation! Dabei notieren Sie horizontal die Wahlmöglichkeiten und vertikal die Kriterien, die es bei der Entscheidung zu berücksichtigen gilt. Wo die meisten Kriterien erfüllt sind, sollte auch die beste Wahl liegen. Da nicht alle Kriterien gleich wichtig sind, können Sie diese auch damit gewichten, dass manche Kriterien einfach mehrfach berücksichtigt werden.

Ein *Beispiel* zur leichteren Veranschaulichung:
Thema: Welches Seminarhotel sollen wir auswählen?
Zur Auswahl stehen Hotel Adler, Hotel Anker, Hotel Glocke, Hotel König. Bewerten Sie deren Ausstattungen nach dem Benotungssystem von 1 = sehr gut bis 5 = schlecht nach den unten stehenden Punkten und vergleichen Sie die Summen.

- Erreichbarkeit (sehr wichtig und sollte maximal bei einer Stunde liegen!)
- Ausstattung insgesamt (wichtig, wird doppelt gezählt)
- Wellnessbereich
- WLAN – Verfügbarkeit

Stimmungsabfragen

Um den Verlauf einer Diskussion zu evaluieren, können Sie unverbindliche Stimmungsabfragen machen. Sie können dies in Form eines Blitzlichts machen: „Ich möchte jetzt, dass jeder der Reihe nach kurz präsentiert, in welche Richtung er tendiert!“ Oder Sie stimmen einfach mit der Daumenmethode ab: „Bitte geben Sie mir mit Ihrem Daumen ein Zeichen, was Sie vom Ergebnis X halten. Halten Sie den Daumen hoch, wenn Sie mit diesem Ergebnis einverstanden sind beziehungsweise runter, wenn Sie nicht einverstanden sind.“ Das ist sehr einfach und hat viele positive Effekte: Sie bekommen ein allgemeines Stimmungsbild und Sie können diejenigen zu Wort bitten, die noch nicht überzeugt sind.

Rednerlisten

Eine große Herausforderung für den Moderator ist das Management der Wortmeldungen. Das Einfachste ist, Sie bitten jeden, der etwas sagen möchte, Ihnen ein Zeichen zu geben, und Sie notieren sich dann die Personen auf einem Zettel in der Reihenfolge, in der sie sich gemeldet haben. Wenn die Liste mehr als fünf Personen umfasst, dann bitten Sie die Teilnehmer, zuerst diese fünf Personen zu Wort kommen zu lassen, bevor die Liste weiter geführt wird. Das verhindert, dass die Wortmeldungen dann nicht mehr zum Thema sind, weil die Teilnehmer zu lange warten mussten und sich das Thema in der Zwischenzeit verändert hat. Sie können auch Abstimmungen machen, in denen Sie um eine Entscheidung bitten, ob Sie die Rednerliste nun schließen. Das machen Sie, wenn Sie das Gefühl haben, dass schon alles gesagt ist. Sie können auch beschließen lassen, dass das Thema nun abgeschlossen wird. Dann wären die Meldungen auf der Rednerliste auch obsolet. Durch diese Technik können Sie eine Sitzung sehr effizient führen!

Brainstorming

Eine der beliebtesten Methoden ist das Brainstorming. Dabei werden alle Teilnehmer aufgefordert, zu einer bestimmten Fragestellung Ideen und Hinweise zu geben. Wichtig ist, dass während des Brainstormings noch keine Diskussion stattfindet. Der Moderator schreibt nur für alle sichtbar mit, verhindert aber die Diskussion, weil möglicherweise jemand, der vielleicht eine gute Idee hätte, diese nicht präsentiert, weil er sie nicht verteidigen kann und/oder will.

ABC-Liste

Die ABC-Liste der deutschen Managementtrainerin Vera F. Birkenbihl ist eine andere Art des Brainstormings. Dabei werden Zettel verteilt (oder in der Besprechung von jedem Teilnehmer erstellt), der für jeden Buchstaben des Alphabets eine Zeile vorsieht. Dann bitten Sie die Teilnehmer zu einer bestimmten Fragestellung Schlagworte zu notieren und zwar in jene Zeile, mit der das Schlagwort beginnt. Also ein Schlagwort, das mit dem Buchstaben „A“ beginnt, kommt in die erste Zeile usw. Der Vorteil: Jeder wird sich zunächst allein Gedanken machen, ohne Einfluss durch die Gruppe und ohne gemeinsames Protokoll. Sie können anschließend die Diskutanten bitten, den Zettel reihum weiterzugeben, damit der Nachbar jeweils eine teilweise schon ausgefüllte Liste erhält, auf der er seine Gedanken fortschreibt. Schlagworte müssen dabei nicht doppelt angeführt werden, wenn sie schon auf einer Liste stehen. In einem weiteren Schritt können Sie kleinere Gruppen bilden, die die Listen verdichten und präsentieren. Besonders am Beginn einer Sitzung können Sie so sehr schnell viele Ideen generieren, mit denen Sie dann weiter arbeiten können. Gleichzeitig geht durch die Verschriftlichung kein Beitrag verloren. Sie können also die Listen bei einem nächsten Meeting wieder als Ideen-Pool verwenden.

Visualisierung

Wichtig ist, dass alle Teilnehmer stets der Diskussion folgen können. Dabei kann Ihnen die Visualisierung helfen, indem Sie für alle ersichtlich auf dem Flipchart das Thema aufschreiben, das gerade diskutiert wird. Sie können auch wichtige Fragen oder Probleme visualisieren. Dann ist jedem klar, wo welche Frage eben erläutert wird.

Live-Protokoll

Eine meiner liebsten Methoden ist das Live-Protokoll. Hier schreibe ich laufend mit, was gerade vereinbart wurde beziehungsweise welcher Punkt nun diskutiert wird, und stelle es über einen Beamer der Gruppe sofort zur Verfügung. Durch diese Verschriftlichung können Sie sich gleich auf Formulierungen einigen und schaffen für alle offensichtliche Ergebnisse. Ein weiterer Effekt ist, die Diskutanten insofern zu disziplinieren, als sie sich manchen zusätzlichen Beitrag sparen, weil dieser schon notiert wurde.

Clustern

Insbesondere nach dem Brainstorming und den ABC-Listen, wo viele Ideen nur gesammelt werden, ist es nun wichtig, diese Beiträge unter verschiedenen Überschriften zusammenzufassen, damit anschließend der Reihe nach die Punkte diskutiert werden können. Erfahrungsgemäß ist das oft gar nicht so leicht, weil manche Unterpunkte zu mehreren Überschriften passen können. Bitten Sie hier die Teilnehmer einfach um Mithilfe, die richtigen Überschriften zu finden, oder überlegen Sie sich schon im Vorfeld, welche einen Sinn ergeben könnten.

Aufstellungen / Differenzierungen

Mit Aufstellungen können Sie Einblick in die Stimmungslagen der einzelnen Teilnehmer erhalten. Wenn Sie zum Beispiel darüber abzustimmen haben, ob in diesem Jahr eine Weihnachtsfeier abgehalten werden soll, dann bitten Sie die Befürworter und die Gegner, sich in zwei Reihen gegenüber aufzustellen. Die Unentschlossenen sollen sich irgendwo dazwischen platzieren. Nun können Sie die Zweifler von den jeweils Überzeugten umstimmen lassen. Diese Methode stellt auch sicher, dass jeder seine Meinung behandelt weiß.

Methoden für den Umgang mit schwierigen Situationen bei Moderationen

Langredner abstellen

Nachfragen: „Was war das Neue in Ihren Ausführungen?" – „Was war Ihr konkretes Anliegen?" – „Können Sie mir fürs Protokoll diktieren, was ich nun festhalten soll?"
Auffordern: „Ich bitte Sie, sich kürzer zu halten, damit jeder zu seinem Beitrag kommt."
Unterbrechen: Mit Namen ansprechen und mit festem Stimmsitz so lange weiterreden, bis die Person aufgehört hat zu sprechen. Während Sie unterbrechen, wenden Sie den Blick von der Person ab. Achtung: Platzieren Sie keine wesentlichen inhaltlichen Aussagen, solange Sie nicht die volle Aufmerksamkeit der gesamten Gruppe haben!
Live-Protokoll: Immer nur mitschreiben, was neu und zum Punkt gemeldet wird. Mit der Zeit wird der Lang-

redner merken, dass Sie nichts mehr protokollieren – oder Sie weisen ihn sogar drauf hin: „Ich kann jetzt leider gar nichts protokollieren, weil im Grunde schon alles gesagt wurde!"

Aufmerksamkeit: Meist haben Langredner das Gefühl, nicht genügend Aufmerksamkeit zu bekommen. Binden Sie diese Personen so ein, dass Sie dieser Angst entgegenwirken: zum Beispiel mit der Bitte, sich zu einem bestimmten Thema ausführlich zu Wort zu melden, einen Extra-Input fürs nächste Mal zu machen, etc.

Kritik: Kritisieren Sie Langredner unter vier Augen.

Beim Thema bleiben

Achten Sie darauf, dass nur Wortmeldungen zum Thema erfolgen. Sollte der Redner im Zuge seines Statements das Thema verlassen, unterbrechen Sie ihn: „Herr Müller, Sie sprechen hier ein weiteres Thema an. Ich möchte zuerst bei diesem Thema bleiben. Ich notiere Ihre Wortmeldung, sobald wir beim Thema X sind."

Ergebnisse erzielen

Schreiben Sie Ergebnisse gut sichtbar mit – am besten am Flipchart. Wenn keine Einigung erzielt wird, dann notieren Sie das Ergebnis als offen mit den noch zu klärenden / diskutierenden Punkten.

Fragen Sie bei Wortmeldungen mit folgender Frage nach: „Was darf ich als Ergebnis/Vorschlag nun notieren?"

Pünktlichkeit und Disziplin im Einhalten von Regeln

Seien Sie selbst Vorbild!

Machen Sie auf Regelbrüche immer aufmerksam. Aber nicht als Oberlehrer mit erhobenem Zeigefinger, sondern als Moderator zum Nutzen aller: „Wir haben jetzt die Regel X verletzt. Ich muss darauf hinweisen, weil ich sonst meine Moderation vernachlässigen würde."

Machen Sie die Disziplinlosigkeit zum Thema: „Wie sollen wir damit umgehen, dass sich keiner an die Regeln hält? Wer hat einen Vorschlag?"

Bleiben Sie ruhig. Wenn Sie hektisch an die Disziplin appellieren, wird sich Ihre Position verschlechtern.

Beenden eines Themas

Als Moderator sollten Sie regelmäßig den Verlauf der Diskussion und den Ist-Stand zusammenfassen. Das kann manchmal schwierig sein. Bitten Sie einfach die Teilnehmer um Unterstützung: „Was ist nun das Ergebnis, das ich festhalten kann?"

Je konkreter ein Ist-Stand desto besser für die Sitzung. Folgende anleitende Fragen können Ihnen helfen, gute Zusammenfassungen zu liefern:

- Wo gibt es eine Einigung?
- Wo sind wir noch uneinig?
- Welche Tendenzen gibt es in welche Richtung?
- Welche Themen wurden diskutiert?
- Wo sind noch welche Fragen zu klären?

Alle ins Boot holen

Sie können es nie allen recht machen. Bedenken Sie das und handeln Sie danach! Schenken Sie Ihre Aufmerksamkeit nur so lange einzelnen Personen, wie es für alle oder zumindest einen Großteil sinnvoll ist. Das bedeutet, dass grundlegende Widerstände einer einzelnen Person dann besprochen werden, wenn die geäußerten Widerstände relevant für alle sind.
Verwenden Sie immer wieder Techniken, die alle Teilnehmer einbinden.

Sich im Kreis drehen

Wenn eine Besprechung beginnt, sich im Kreis zu drehen, können Sie aus diesem Kreis ausbrechen, indem Sie externe Anspruchsgruppen ins Spiel bringen und die Sichtweise von außen ins Gespräch holen: „Was sagen unsere unsere Kunden/Zielgruppen dazu?" – „Welche Erwartungen hat unser Auftraggeber?"
Machen Sie regelmäßig Zusammenfassungen und weisen Sie darauf hin, dass die letzten Wortmeldungen keinen Fortschritt im Sinne von Neuigkeiten brachten.

Angriffe auf den Moderator

Nehmen Sie Angriffe nie persönlich. Sie sind zumeist Ausdruck von Frustrationen gegenüber der Besprechung an sich oder den Rahmenbedingungen, die auch Sie nicht ändern können. Gehen Sie auf Angriffe erst dann ein, wenn Sie in Ihrer Glaubwürdigkeit angegriffen werden und gehen Sie nachfragend mit jedem Angriff um: „Wie meinen Sie das konkret?" – „Wie kommen Sie zu dieser Ansicht?" – „Warum werden Sie nun persönlich?"

Zeit wird knapp

Ein wichtiger Trick ist, schwierige Fragen und Herausforderungen immer wieder an die Gruppe zurückzugeben mit der Frage: „Was sollen wir tun?" Auch bei Zeitnot bietet sich das an.
Bilden Sie Untergruppen, die parallel arbeiten können.
Führen Sie eine Stoppuhr ein, die Redezeiten der einzelnen Personen und die Gesamtzeit pro Tagesordnungspunkt misst.

Nicht alle auf dem gleichen Wissensstand

Viele Sitzungsteilnehmer bereiten sich nicht auf die Sitzung vor. Sie können damit rechnen, dass es immer mindestens eine Person geben wird, die sich nicht vorbereitet hat. Wenn es für den Verlauf wichtig ist, auf gleichem Wissensstand zu sein, dann müssen Sie diesen herstellen. Machen Sie ein kurzes Brainstorming zur Frage: „Was wissen wir schon alles" oder bitten Sie einen Teilnehmer um einen kurzen Bericht, damit alle auf dem gleichen Wissensstand sind.

Planung der weiteren Schritte

Planen Sie immer einen Zeitpuffer in der Sitzung ein, um die weiteren Schritte zu besprechen. Legen Sie genau fest, was bis wann von wem zu erledigen ist und wie Sie gedenken, mit den offenen Punkten umzugehen. Ein Trick dabei ist, dass Sie bei den offenen Punkten sogenannte „Treiber" einsetzen. Die sind dann dafür verantwortlich, das offene Thema beim nächsten Mal einzubringen. Sie können auch die Aufgabe erhalten, weitere Recherchen anzustellen oder Rahmenbedingungen zu schaffen, in denen das nächste Mal eine Entscheidung möglich ist.

Das Protokoll

Heutzutage erhalten wir unendlich viele Informationen. Kaum jemand hat mehr Zeit, ein sehr langes Protokoll genau zu studieren. Deswegen sollten Protokolle kurz und übersichtlich sein.

Es reicht meistens, auf der ersten Seite die Ergebnisse und die offenen Punkte zusammenzufassen. Sie können auf den nächsten Seiten immer noch in Form von Anhängen Details zusammenfassen wie Fotos der Flipcharts, zusammengefasste ABC-Listen etc.

Literatur

Birkenbihl, Vera F.: „Kommunikationstraining" (2007), mvgVerlag, München

Branden, Nathaniel: „Die 6 Säulen des Selbstwertegefühls" (2010), Piper, München

Eemeren van, Frans mit Robert Grootendorst: „Argumentation, Communication and Fallacies: A Pragma-Dialectical Perspective" (1992). Lawrence Erlbaum Associates, Hillsdale, NJ.

Ekman, Paul: „Gefühle lesen" (2007), Spektrum Akademischer Verlag Heidelberg

Fisher, Roger; Ury, William; Patton, Bruce: „Das Harvard Konzept" (1993), Campus

Fromm, Erich: „Die Kunst des Liebens" (2005), Ullstein, Berlin

Funk, Rainer: „Erich Fromms kleine Lebensschule" (2007), Herder, Freiburg

Goleman, Daniel mit Tenzin Gyatso, S.H. der 14. Dalai Lama: „Dialog mit dem Dalai Lama – Wie wir destruktive Emotionen überwinden können" (2008), dtv, München

Isaacs, William: Dialog als Kunst gemeinsam zu denken (2002), EHP – Verlag Andreas Kohlhage, Bergisch Gladbach

Kienpointner, Manfred: „Vernünftig argumentieren" (1998), Rowohlt, Reinbek

Lehrer, Jonah: Wie wir entscheiden – Das erfolgreiche Zusammenspiel von Kopf und Bauch (2009), Piper, München

McKean, John: „The Human Touch – Customers are

People" (2002), John Wiley & Sons Ltd., Chichester, West Sussex

Pearson, Christine and Christine Porath: „The Cost of Bad Behavior" (2009), Penguin Books Ltd., London

Pöhm, Matthias: „Das NonPlusUltra der Schlagfertigkeit: Die besten Techniken aller Zeiten" (2007), Mosaik bei Goldmann, München

Satir, Virgina: „Kommunikation, Selbstwert, Kongruenz" (2010), Junfermann, Paderborn

Schulz von Thun, Friedemann: „Miteinander reden 1–3: Störungen und Klärungen. Stile, Werte und Persönlichkeitsentwicklung. Das „Innere Team" und situationsgerechte Kommunikation" (2011), Rowohlt, Reinbek

Seliger, Ruth: „Das Dschungelbuch der Führung" (2008), Carl-Auer, Heidelberg

Watzlawick, Paul: „Menschliche Kommunikation" (1990), Verlag Hans Huber, Bern

ISBN 978-3-85485-269-8

styriabooks.at

Cover- und Buchgestaltung:
Bruno Wegscheider

Grafiken:
Art-Y/iStock

Lektorat und Herstellung:
Marion Mauthe

Druck und Bindung:
CPI BOOKS GmbH, Pohořelice